Ta liberté d'être et de penser
est non négociable

Ta liberté d'être et de penser est non négociable

Un compagnon de route pour t'affranchir, te révéler et oser te bâtir une vie alignée, libre et puissante.

Irène CARLE

© Irène CARLE, 2025.

Le Code de la propriété intellectuelle et artistique n'autorisant, aux termes des alinéas 2 et 3 de l'article L.122-5, d'une part, que les « copies ou reproductions strictement réservées à l'usage privé du copiste et non destinées à une utilisation collective » « toute représentation ou reproduction intégrale, ou partielle, faite sans le consentement de l'auteur ou de ses ayants droit ou ayants cause, est illicite » (alinéa 1er de l'article L. 122-4). Cette représentation ou reproduction, par quelque procédé que ce soit, constituerait donc une contrefaçon sanctionnée par les articles L. 335-2 et suivants du Code de la propriété intellectuelle.

Photographe photo de couverture : Aurélie Anglares

Édition : BoD · Books on Demand, 31 avenue Saint-Rémy, 57600 Forbach, bod@bod.fr

Impression : Libri Plureos GmbH, Friedensallee 273, 22763 Hamburg (Allemagne)

ISBN : 978-2-3226-3517-7

Dépot légal : juin 2025

À ma mère,

qui m'a donné la vie, la rage, la douceur,
et dont l'absence tisse aujourd'hui le ciel d'où je reçois.

À mon père,

présence discrète, solide et aimante,
qui m'a appris à tenir debout, même dans la tempête.

À mon mari,

qui tient l'espace pendant que je renais mille fois.

À mes enfants,

petites âmes géantes, qui m'ont vue m'éteindre... puis rallumer le feu.

À ma tante,

qui m'a appris à regarder les étoiles et m'a aimé comme une seconde maman.

À mes amies,

celles qui ont su m'aimer dans mes silences comme dans mes renaissances.

À Olivia,

mentore, phare, vortex,
qui m'a rappelé que ma puissance n'était pas une option, mais une mission.

À mes beaux-parents et à ma famille,

pour leur présence, leur soutien ou leur silence,
qui ont tous, à leur manière, contribués à mon chemin.

À toutes les femmes,

*qui se sont un jour crues trop sensibles,
trop folles, trop instables,
à celles qui dansent encore dans
l'ombre de leurs rêves,*

Ce livre est pour vous.

Pour toi, *qui lis ces lignes avec le cœur qui cogne,
sache que tu n'es pas seule,
et que ta liberté d'être et de penser est non négociable.*

À la petite fille que j'étais, à la femme que je deviens,

RESSOURCES GRATUITES

Télécharge ton cadeau gratuit.
Tu veux aller plus loin dans ton exploration créative ?
Télécharge dès maintenant l'eBook *Voyage Créatif* en scannant ce QR code :

https://bit.ly/voyagecreatif-livre

Un guide doux et puissant pour libérer tes blocages, te reconnecter à ta créativité, et initier ta métamorphose.

SOMMAIRE

Ressources gratuites 9

Introduction 13

Chapitre 1 : Miroir de l'enfance 19

    Alchimie du chapitre 1 – Le miroir de l'enfance 27

Chapitre 2 : Le poids de la validation 33

    Alchimie du chapitre 2 – Les décisions fantômes 36

Chapitre 3 : Le regard qui freine 41

    Alchimie du chapitre 3 – L'enfant qui se cache 46

Chapitre 4 : Le corps messager 53

    Alchimie du chapitre 4 – Le corps messager 59

Chapitre 5 : Penser autrement c'est renaître 65

    Alchimie du chapitre 5 – Ma voix VS leurs voix 71

Chapitre 6 : Je fuis, donc je suis 75

    Alchimie du chapitre 6 – Ma roue des échappatoires 80

Chapitre 7 : Le chaos fertile 87

    Alchimie du chapitre 7 – Mon chaos intérieur 92

Chapitre 8 : L'ancrage intérieur 95

    Alchimie du chapitre 8 – Observer mon mental 100

Chapitre 9 : Ma boussole intérieure 103

    Alchimie du chapitre 9 – Ma boussole intérieure 108

Chapitre 10 : La lettre de non-culpabilité 113

    Alchimie du chapitre 10 – Lettre de non-culpabilité 118

Chapitre 11 : Le regard des autres 121

Alchimie du chapitre 11 – Mon regard, ma vérité 125
Chapitre 12 : Je dis oui à ma puissance *129*
Alchimie du chapitre 12 – Mon OUI puissant 132
Chapitre 13 : Connexion à l'âme à la souveraineté *137*
Alchimie du chapitre 13 – Ma connexion à mon âme 142
Conclusion : Ma liberté d'être et de penser est non négociable *147*
Alchimie de clôture : Le souffle final 150
Laissez-moi un avis *152*
Remerciements *153*
À propos de l'auteure *157*
Coordonnées *158*

INTRODUCTION

À 20 ans, je ne savais même pas que j'existais.

J'étais comme une ombre, là, mais pas là. Entre le visible et l'invisible. Incapable de dire ce que je pensais, désirais, par peur de déranger, dire une « bêtise » ou encore d'échouer. Une vie à avancer sans exister !

Je sais aujourd'hui ce que signifie être libre d'être et de penser.

À l'époque, je n'avais même pas idée que cette liberté était envisageable. J'étais conditionnée, non consciente, limitée ! C'est simple j'avais peur de TOUT.

Oui, tu lis bien de TOUT :

de parler, me tromper, déranger, mal faire les choses, tomber (tu comprendras cette allusion plus tard), bouger, ranger une casserole (ça aussi tu comprendras).

Et j'en oublie certainement. La colère m'habitait de plus en plus, à force d'avoir peur.

Voici quelques exemples pour ne citer qu'eux :

La peur de parler : colère envers moi, car je me disais « Mais quelle idiote ! Pourquoi tu ne lui as pas dit que tu l'aimais ? »

La peur de me tromper : colère envers moi, car oui, finalement j'avais la réponse ou la compétence et j'ai laissé filer l'opportunité ou laisser ma place.

Je ne comprenais pas pourquoi je devais vivre selon les règles qui ne me convenaient pas et qui créaient en moi une dissonance grandissante. J'avais l'impression de subir une vie qui n'était pas la mienne, ne ressemblant pas à l'idée que j'avais de la Vie.

À 52 ans, tout a changé.

Je suis libre. Bon, enfin presque. Même aujourd'hui, avec tout ce que j'ai libéré, il reste des cailloux cachés sous les pavés. Mais je ne les crains plus. Je les regarde. Je les déplace. Je marche avec. C'est OK, c'est cela la Vie !

Quand j'ai envie de dire quelque chose, je le dis.

Quand ça fait NON à l'intérieur, je le dis.

Aujourd'hui, j'ose porter des couleurs vives, affirmer ma vérité et mes non-envies, aller seule au restaurant, choses que je n'aurais jamais imaginées auparavant. Je vis selon mes propres règles.

Peut-être que toi aussi, chère lectrice, lecteur, tu te reconnais dans ces moments de frustration et de colère et que tu as envie de crier au monde « Laissez-moi vivre libre comme je l'entends ! » et tu restes silencieuse. Tu as tant de choses à partager, dire, mais quelque chose te retient.

Est-ce la peur de déranger, d'être jugée, d'être rejetée ?

Tu sens au fond de toi que ta vie pourrait être différente, plus alignée, plus en accord avec ce quelque chose à l'intérieur de toi qui hurle de douleur tellement il n'est pas entendu.

Et tu ne sais pas par où commencer.

Peut-être que tu ressens cette pression constante : celle de devoir rentrer dans des cases, dans un moule que la société ou tes parents ont tracé pour toi. Peut-être es-tu fatiguée. Fatiguée de toujours faire ce qu'on attend de toi. De toujours te faire passer après tout le monde. De ne jamais dire non, même quand, à l'intérieur, tout crie non.

Alors, tu te sens frustrée, comme limitée dans un bocal de poisson rouge. Tu tournes en rond, tu vois l'extérieur, tu sens que tu pourrais aller plus loin, plus haut, plus grand. Mais quelque chose t'en empêche. Tu ne vis pas vraiment. Tu existes. Ou tu survis, selon les jours. Et ces questions qui reviennent tout le temps dans ta tête : Pourquoi je ne pourrais pas faire, dire les choses et vivre autrement ? Pourquoi je ne pourrais pas être moi-même ?

Si tu ressens cela, sache que tu n'es pas seule.

J'ai moi aussi été à cet endroit.

Je sais ô combien ce sentiment peut être lourd à porter et combien il peut te donner l'illusion, car oui, ce n'est qu'une illusion, une perception erronée de ta réalité[1] que rien ne changera, que c'est comme ça et point.

Mais laisse-moi te dire une chose :

Il est possible de sortir du conditionnement – j'en suis la preuve vivante ! –, de reprendre son pouvoir et les rênes de sa vie. Tu peux construire un chemin qui te ressemble, même si tu ne sais pas encore comment. Tu vois, l'astrologie est une aide pour apprendre à te connaître et chaque signe a une fonction symbolique dans le grand cycle de la vie. Le Bélier initie, la Balance harmonise, le Scorpion transmute... Et le Capricorne ? Il construit. Il bâtit. Il structure. C'est l'architecte du zodiaque. Celui qui prend la matière brute de l'expérience, qui gravit la montagne de ses limites intérieures, et qui, pas à pas, élève une œuvre qui lui ressemble.

C'est pourquoi j'aime dire : **Tu es l'architecte de ta vie.**

Même si tu viens d'un terrain chaotique, même si tu n'as pas les plans, tu peux poser la première pierre. Tu peux redessiner tes fondations. Et bâtir à partir de là. À ta manière.

Ton signe solaire n'est peut-être pas le Capricorne, peu importe, mais son énergie, elle, vit quelque part en toi. Elle t'attend. Elle te soutient. Et si tu lis ces lignes, c'est que tu es prête à construire... autrement.

Dans ce livre, je te montre que c'est possible.

Pas en te racontant des théories compliquées et alambiquées, mais avec des exemples concrets, des leçons que j'ai moi-même apprises et qui m'ont transformées.

Si je peux le faire, alors toi aussi.

Ce livre n'est pas seulement mon histoire. Je l'ai voulu comme un compagnon de route que tu auras envie d'emmener de partout, qui te guide sur ton chemin de transformation et d'évolution. Il t'aide à sortir de ce qui te limite (le poisson rouge, tu te souviens ?) et à oser être pleinement toi-même. La bonne

---

[1] Helen Schucman et William Thetford, *Un cours en miracle*, Éditions Octave, 2022.

nouvelle c'est que tu es déjà toi-même. Je tiens à te le dire. Tu n'as rien à inventer ou à ajouter. Il te suffit juste de dépoussiérer, de gratter cette gangue d'injonctions et de croyances pour laisser rayonner le diamant que tu es déjà. Tu es une œuvre d'art qui ne demande qu'à révéler son éclat.

À travers chaque chapitre, je vais tenter de te partager des morceaux de mon parcours, des épreuves passées et des conditionnements qui m'ont façonnée. Te montrer le chemin caillouteux que j'ai emprunté pour me libérer de mes peurs, croyances limitantes et de tout ce qui m'empêchait de vivre selon mes propres règles. Je ne vais pas seulement te raconter mon histoire. Ce livre est une invitation à essayer divers pratiques et exercices issus de mes programmes d'accompagnement pour t'aider à passer à l'action (il n'y a pas de secret, l'action est primordiale dans la transformation). Dans ce livre, je te présente certains des outils qui sont à ta disposition pour agir de façon concrète dans ton quotidien, que ce soit à travers du *journaling*, des explorations créatives – n'hésite pas à te munir de tes feutres et pinceaux pendant ta lecture –, l'astrologie, des rituels énergétiques.

Je t'invite aussi à réfléchir à des questions existentielles que je me suis beaucoup posée et me pose encore pour certaines : Qui suis-je ? Qu'est-ce qui aujourd'hui m'empêche de me sentir libre ? Quelles sont les règles que je suis encore, alors qu'elles ne me conviennent pas ? Qu'est-ce que je ne m'autorise pas « par peur de » ? Où est-ce que je me limite ?

Ces questions ne sont pas là pour te mettre mal à l'aise ou en défaut, mais pour t'ouvrir les yeux. Parce que oui, tu mérites, comme tout à chacune, de vivre la vie qui te ressemble, où tu te sens alignée, audacieuse, sereine, en paix avec toi, le monde et fière d'être toi-même.

Oui, ce chemin va te demander du courage, beaucoup même je dirais. À ce propos, je cite : « [Le mot courage] vient d'une racine latine *cor* qui signifie *cœur*. Ainsi, être courageux signifie vivre avec le cœur [...] La voie du cœur, c'est la voie du courage.[2] » Oui, il faudra regarder tes peurs en face et sortir de ta zone de confort (si tu as ce livre entre les mains, c'est que tu es courageuse et que

---

[2] Osho, *Le courage, la joie de vivre dangereusement*, Jouvence, 2013, p. 18.

tu as décidé de dépasser tes limites, c'est bon signe et je te félicite). Par contre, je te promets une chose : chaque petit pas que tu feras – méthode Kaizen – te rapprochera de cette liberté intérieure que tu cherches. Mon intention ici, c'est que tu puisses te dire, chaque jour nouveau : « Aujourd'hui je me choisis, je me respecte et je vis selon mes propres règles. »

Je n'ai pas la prétention de faire de ce livre un miracle, mais un point de départ, une invitation à *oser*. Parce que ta liberté d'être et de penser est ton droit le plus fondamental et *non négociable*. Il est temps que tu te l'appropries vraiment et pleinement. Il est temps de montrer et révéler ta lumière divine au monde.

Avant de plonger, voici une invitation. Ce livre n'est pas seulement un récit. C'est un passage. Un appel à te souvenir de qui tu es vraiment. À chaque chapitre, tu vas découvrir une partie de mon histoire… et, peut-être, de la tienne. Mais surtout, tu vas être invitée à te rencontrer. Vraiment. Grâce à des explorations introspectives, créatives, énergétiques, tu vas entamer ton propre voyage intérieur. Ce voyage, c'est celui du héros – ou plutôt, de l'héroïne. Celle qui quitte le connu, affronte ses ombres, traverse ses doutes, pour mieux renaître. À chaque étape, tu seras guidée à travers une pratique puissante, symbolique, intuitive. Un pas après l'autre, tu vas te libérer. Te réapproprier ton histoire. Et incarner ta puissance. Et à la fin ? Tu écriras ton manifeste personnel. Un texte vivant, intime, sacré. Ton « plus rien à foutre », ton « je me choisis », ton « je suis libre ». Ce manifeste, c'est l'élixir que tu rapporteras de ton voyage. Alors, prends un carnet, une bougie si tu veux. Respire. Et prépare-toi à marcher avec moi. Ce chemin t'appartient désormais.

CHAPITRE 1 :
MIROIR DE L'ENFANCE

« Tu en fais une tête, ça va pas ? », « Tu as mal dormi, tu t'es levée du pied gauche ? », « Tu ne dis rien ? » J'ai une dizaine d'années, c'est le matin, je me lève et à peine arrivée à la cuisine pour prendre le petit-déjeuner avec mes parents, ils m'assènent de cette suite de questions. Cela tous les matins ou presque. Je baisse la tête, me mue encore plus dans mon silence, souffle, hausse les épaules. Puis arrive la suite : « Tu es de mauvaise humeur ? », « Tu as perdu ta langue ? », « Ah dis donc, si on était comme ça, nous aussi, le matin, ça ne serait pas joyeux ici. » J'ai alors envie de crier, de hurler, mais rien ne sort. C'est comme si ma voix était bloquée. Au contraire, je me mets soit à bouder (je sais bien faire), soit je retourne dans ma chambre pleurer tant je suis à bout.

Chaque matin la même rengaine. Puis, plus les années passaient (car oui, cette situation a duré jusqu'à mon départ de chez mes parents), plus j'appréhendais le matin et me disais : *ils vont encore me demander si je suis de mauvaise humeur*. Si vous vous posez la question, oui, je me levais de bonne humeur (bon OK pas tout le temps), oui, leurs questions finissaient par me mettre de mauvaise humeur en un quart de seconde.

Pendant des années j'ai cru être le problème, pensant que ma mauvaise humeur du matin était bien réelle. Je leur donnais raison. Peut-être n'étais-je vraiment pas belle à voir le matin ? Peut-être que ce n'était pas comme ça qu'ils voulaient me voir ? Peut-être que je n'étais pas quelqu'un de facile à aimer ? Après tout, si même mes propres parents trouvaient que j'avais un problème, c'est que ça devait être vrai, non ? Seulement je ne savais pas encore que ces petites phrases répétées chaque matin s'imprégnaient en moi goutte après goutte comme une encre invisible. J'ai ainsi cru être cette fille renfermée, timide, froide, hautaine, incapable de communiquer avec les autres comme il se doit, comme on me l'a tant dit. Ces mots, répétés encore et encore, sont devenus une bande-son intérieure qui jouait en boucle dans mon esprit. Comme un programme installé dans mon cerveau. « Tu ne dis rien ? », « Tu as perdu ta langue ? » À force de les entendre, je n'avais plus besoin qu'on me les dise. Ils résonnaient en permanence, même quand j'étais seule avec moi-même. Alors, j'ai fini par y croire et me dire qu'après tout, mes parents savent, ils ont forcément raison. J'avais cette sensation constante d'un nœud dans la gorge et dans le ventre, comme si parler et respirer librement m'était interdit. Dès que j'ouvrais la bouche pour parler, ma gorge se serrait et mon ventre se tordait de douleur. J'avais peur de dire une bêtise, peur d'être ridicule, peur d'attirer l'attention. Alors j'ai choisi de me taire.

Ce phénomène ne se produisait pas uniquement le matin, il intervenait même dans le choix de mes vêtements. Maman arrivait toujours à me faire prendre ce qui lui plaisait. On parlait pour moi. On décidait pour moi. C'était comme si ma pensée ne comptait pas. Puis ces phrases : « Attention, tu vas tomber c'est dangereux. », « Laisse, je vais le faire, ça ira plus vite. », « Regarde comment tu t'y prends. » Petit à petit, j'ai intégré que je ne savais pas ce qui était bon pour moi, que seuls mes parents et les autres savaient ce qui est juste pour moi. J'avais la sensation que ma voix, mon avis et mes ressentis ne valaient rien. Comme si mon existence devait toujours être validée par quelqu'un d'autre, et que je n'avais pas le droit d'avoir une pensée propre. « Attends qu'on te dise comment faire. », « Regarde comment tu t'y prends. » Ces phrases résonnaient en moi comme des ordres silencieux. J'avais l'impression d'être une marionnette, toujours suspendue aux fils de ce que les autres attendaient de moi. Sans m'en rendre compte, j'ai grandi avec la certitude que je ne peux pas être moi-même. C'est dangereux et mal vu.

Grandir en étant persuadée que les autres savent mieux ce qui est bon pour moi, que ma voix n'est pas importante... qu'est-ce que cela donne ?

Une ado qui n'ose pas prendre la parole de peur de se tromper ou dire une « bêtise » (car oui, elle se souvient que ça peut être dangereux). Une jeune femme qui attend qu'on lui dise quoi faire, quoi dire, quoi penser avant d'oser agir. Une adulte qui doute d'elle-même en permanence. Une personne qui s'efface, qui ne fait pas de bruit et qui a une peur incroyable d'être jugée, mal aimée, incomprise, rejetée.

Le doute était devenu mon mode de fonctionnement. Une décision ? Attends, on va demander ce qu'en pensent les autres. Une opinion ? Mieux vaut être sûre que ça ne va pas déranger. Un projet ? Trop risqué, je vais sûrement échouer. Même pour des choses anodines, choisir un plat au restaurant, une tenue, un film, j'hésitais. Comme si, à tout moment, un faux pas pouvait me faire tomber. De manière insidieuse, ce conditionnement avait façonné chaque facette de mon identité. J'avais appris à être prudente, à éviter le regard des autres et les éviter tout court aussi (j'étais capable de prendre un autre chemin pour ne pas croiser certaines personnes), à m'excuser d'exister, je pensais que tout était dangereux dès que je sortais de mon bocal. J'avais intégré en moi que ce que je pouvais penser, dire et désirer n'était ni correct ni important. Alors, à quoi bon essayer de s'imposer, se montrer et être ?

Ce n'était pas seulement une façon de penser, ce conditionnement était devenu une seconde peau, une façon d'exister à travers les autres. Je me construisais une prison avec des barreaux invisibles, où, pourtant, chaque jour, leurs limites étaient bien là – dans mes gestes, mes choix, mes pensées, ma posture, mon comportement. Les années passaient, et moi, je m'effaçais. Ma pensée s'étiolait. Mon feu s'éteignait. Je jouais un rôle qu'on m'avait assigné, sans jamais l'avoir choisi. Je ne savais comment m'en sortir d'autant plus qu'à ce moment-là je n'en étais pas très consciente. Tout devenait compliqué et une montagne à franchir. Par exemple, lever la main à l'école était une véritable épreuve. Et si ma réponse était stupide ? Et si on se moquait de moi ? Choisir quel bac faire. Impossible d'exprimer ce que je voulais. Alors c'est maman qui a choisi « Et bien tu vas faire un Bac G3. » (tu sais, la fameuse chanson de Sardou sur *Le Bac G*). J'attendais toujours qu'on me dise quoi faire, persuadée que ce que je pensais n'avait aucune valeur. Au sein d'un groupe, j'étais toujours celle qui était là sans être là, en retrait. Celle qui, si elle n'avait pas été là, ça ne se serait même pas remarqué. Tu vois le genre ? Je n'osais pas donner mon avis, par peur qu'il soit jugé inintéressant ou idiot. Je me rangeais du côté de la majorité de peur d'être rejetée si j'affirmais autre chose.

Tout cela n'était pas juste une façon d'agir ou d'interagir avec les autres. Quelque chose d'invisible s'installait en moi. Comme un poids. Je ne savais pas ce que ça pouvait être à l'époque, mais je le ressentais profondément. Chaque hésitation, doute, chaque parole non dite alors qu'à l'intérieur je brûlais d'envie de m'exprimer, de laisser une empreinte. C'était comme si je rentrais dans un épais brouillard dont je ne sortais jamais, c'était nébuleux. C'est là que la peur, la colère, la frustration, la culpabilité, la honte et la fatigue émotionnelle ont commencé à s'installer.

Vivre en permanence dans le doute et la retenue laisse forcément des traces. À ce moment-là je ne réalisais pas encore, mais un cataclysme silencieux grandissait en moi. Il allait plus tard briser mes fondations et réduire en cendres tout ce que je croyais être. En attendant, j'avais appris à être discrète, ne pas prendre ma place, ne pas faire de bruit. À quel prix ? Chaque jour qui passait, une partie de moi disparaissait dans le marécage de mes ombres, sans que je le sache, engloutie par l'idée que je n'étais pas assez légitime, assez bien, pas assez... tout court en fait !

Tout commence par la frustration. Celle qui s'accumule où je ne dis rien et qui remplit la malle jusqu'au moment où elle déborde et ne peut plus fermer. Chaque recoin est rempli de non-dit, de « Je devrais parler, mais... » que je laisse dans cette malle. D'ailleurs je me souviens très bien de ces moments où je voulais parler à mes parents pour dire que j'avais une sortie en boîte de nuit avec les amis et que je n'y arrivais pas. Rien ne sortait de ma bouche. Il n'y avait pourtant rien d'incroyable à dire, juste une information, une demande d'autorisation. N'importe quel adolescent pourrait faire cette demande sans réfléchir. Et bien moi non. Ça coinçait ! Je tergiversais pendant des jours. Mon cerveau partait dans un scénario d'anticipation sur leur réponse « De toute façon ils vont dire non, j'en suis sûre, ça ne sert à rien de demander. », « Ils vont trouver une raison pour que je n'y aille pas. » Je me mettais devant eux prête à parler, puis rien. Silence radio. J'attendais encore le bon moment, qui n'arrivait jamais. En revanche, je trouvais plus de courage à dire à mes amis que je n'étais pas sûre de pouvoir venir puisque je n'avais toujours pas demandé à mes parents.

Ces moments-là étaient un véritable combat entre moi et moi-même. Toutes mes cellules se serraient, se comprimaient. Mes intestins se tordaient de douleur, mes mains devenaient moites et mon cœur battait la chamade. Je savais que ce que j'avais à leur demander n'était pas grand-chose, mais c'était plus fort que moi.

Je n'y arrivais pas. Cette *chose* invisible, incontrôlable, bloquait ma voix. Comme si cette demande avait une quelconque incidence sur le reste de ma vie, et qu'un simple refus de la part de mes parents ne me rendait pas crédible pour sortir avec mes amis. Cela m'a appris à me taire et à ne pas demander. Je reportais et reportais encore les conversations, me convainquais que ce n'était pas important. En réalité, chaque moment où je me taisais créait un goût amer, une frustration de plus venant remplir la malle. Une impression de m'effacer un peu plus à chaque fois. Comme si ce que j'avais à dire importait si peu que, même moi, au final, je ne voulais pas l'entendre.

Alors, la colère a commencé à pointer le bout de son nez. Discrètement d'abord. Pendant longtemps, je ne savais même pas qu'elle était là. Ou peut-être que je ne comprenais pas que c'était ça, de la colère. Je sentais bien qu'il se passait quelque chose. Une montée, un bouillonnement. Mais je l'étouffais aussitôt, sans chercher à comprendre. Oui, on m'avait appris qu'être en colère, ce n'était pas bien pour une petite fille, ce n'était pas joli, qu'il fallait être sage, polie, ne pas s'énerver. Alors au lieu de l'exprimer, elle est devenue du silence, des bouderies (et, crois-moi j'étais capable de bouder pendant des heures voir des jours entiers, ça ne me posait aucun problème à l'époque), des « oui, ça va » alors que non pas du tout, ça ne va pas. Mais à force de ravaler, d'encaisser, elle a fini par me ronger de l'intérieur.

À ce propos, je me souviens de ces nombreux instants où, lorsque des amis à mes parents venaient dîner à la maison et où l'on me demandait comment j'allais, ce que je faisais, maman répondait pour moi la plupart du temps. Je n'avais que rarement le temps de réfléchir quoi répondre, que hop, elle avait encore parlé à ma place. Dans ces moments-là, je ressentais vraiment une bouffée d'agacement, de rage avec cette envie de dire « mais mince, laisse-moi parler ». Au lieu de ça, je me fermais comme une huître et laissais les adultes poursuivre leur conversation sur moi. Dans une compréhension nébuleuse, j'entendais maman parler de moi comme si elle savait ce que je ressentais ou pensais. Alors, bien souvent au bout d'un moment ou immédiatement après ce style de conversation, je partais me réfugier dans ma chambre, qui était mon cocon, mon refuge.

Ce que je ressentais alors dans mon corps, était un véritable tsunami de sensations : cela passait par une tête compressée prête à exploser, la mâchoire serrée, les poings crispés. Le meilleur était le souffle court prêt à gronder sous la surface. En attendant, je restais là sur place, figée comme une pierre, incapable de dire quoi que ce soit. Je devenais invisible.

Ainsi c'était toujours la même rengaine. On me disait que j'étais « trop susceptible », « trop émotive », « trop à fleur de peau », « trop sensible ». Comme si tout cela était de ma faute et que, finalement, je n'étais pas « normale ». Alors, je me suis renfermée de plus en plus, jusqu'à ce que cela devienne ma nature, avec en prime une boule dans la gorge, un nœud permanent dans le ventre. J'avais vraiment cette impression d'être un volcan éteint : calme en surface (d'ailleurs les gens me voyaient comme quelqu'un de calme), en fusion à l'intérieur. Jusqu'à ce que cette colère refoulée, migre petit à petit vers la peur.

La peur, si discrète, si imperceptible. Elle s'installe sans faire de bruit. Elle chuchote. Tout le temps. N'importe quand. Sans prévenir, elle est là. Elle commence par de petits doutes, hésitations. Puis, un jour, elle est là, tout le temps, elle ne te lâche plus, et ne chuchote plus. Elle crache sur toi comme une coulée de lave qui, en séchant, vient noircir le paysage. Elle est là pour tout et n'importe quoi. Surtout n'importe quoi, je dirais. La plupart des peurs que nous avons sont irrationnelles. Ça, je ne le savais pas ! Ce n'est alors plus une appréhension passagère, c'est un mode fonctionnement, un état d'être permanent. Une peur, sourde, omniprésente, dictant mes choix sans que je m'en rende compte. Peur de mal faire. Peur de demander quelque chose. Peur de dire quelque chose de travers. Peur de déranger. Peur d'être avec les autres. Peur d'exister tout simplement.

Un souvenir très net me revient en tête en écrivant ces mots. Un de ces fameux moments, où je préférais rater une opportunité de sortir avec mes amis plutôt que de surmonter la peur d'oser demander si je pouvais sortir. Mon cerveau lançait l'alerte rouge : « Et s'ils te disent non ? », « Et si ça se passe mal ? », « Et si tu bafouilles, pas crédible ? », « Et si tu les déranges, ils ne vont pas t'écouter ? » Dans ce souvenir, mes parents étaient assis respectivement sur leur fauteuil au salon. Maman occupée à ses mots croisés, papa regardant la télé. Là, devant eux j'arrivais, pleine d'espoir pour dire ce que j'avais à dire. Et rien. Rien ne sortait de ma bouche. Ou ce qui sortait était en rapport au questionnement de maman ayant perçu mon malaise : « Ben t'en fais une tête, ça ne va pas ? » Tu sais la fatidique question du matin, qui pouvait revenir comme ça à tout autre moment dans la journée, la semaine. Là je m'asseyais sur le canapé. Je voulais dire, je voulais oser, mais à la place, j'inventais une réponse, ou je sombrais dans un mutisme qui agaçait encore plus ma mère, ou encore je trouvais une façon subtile de m'éclipser dans mon refuge. Et bien sûr, une fois dans ma chambre, je me maudissais d'avoir encore une fois laissé la peur me gagner, m'envahir comme la coulée de lave.

La peur, ce n'est pas juste dans la tête. Comme la lave, elle s'immisce de partout dans le corps. Des chauds, des froids alternent. La gorge qui se serre. Des nausées qui vont et viennent. Les mains moites. Les jambes qui flageolent. Un état fébrile envahit tout le corps au point d'en être étourdie et d'en être au bord de l'évanouissement. À cet instant le corps alerté par le mental, criait : « Attention c'est dangereux, n'y va pas ! » Avec cette peur quasi permanente, j'étais en mode survie, figée, sclérosée, coincée entre l'envie d'avancer, de parler et l'impossibilité de le faire. Une peur invisible et tellement puissante qu'elle contrôlait mes moindres décisions.

À force, la peur est devenue une compagne de route. Je l'écoutais plus que ce que je m'écoutais moi-même. Elle était devenue cette voix intérieure, contrôlante, pensant savoir à ma place ce qui était juste pour moi. Elle dictait quoi faire et décidait pour moi. Ne pas prendre la parole. Ne pas prendre sa place. Ne pas déranger. Peu importe ce qui m'animait à l'intérieur, la peur était toujours plus forte. Jusqu'à ce qu'un jour, elle m'étouffe, m'éteigne complètement. Parce qu'à force d'avoir peur, je ne vivais plus. Je survivais.

C'est ainsi que j'ai grandi en trouvant des stratégies pour exister. Puisque je pensais, croyais, que ma voix ne comptait pas. Et le schéma que j'ai adopté inconsciemment est de chercher l'approbation des autres. Et oui, si je n'étais pas capable de me faire confiance ou du moins si les autres répondaient et décidaient pour moi, c'est qu'ils savaient mieux ce qui était bien et bon pour moi. Alors, la solution était de les laisser parler à ma place, car ils savaient. Je me revois hésitante pour des choix anodins, tels que : quels vêtements mettre, une décision à prendre, quoi répondre à quelqu'un, quels mots mettre dans une lettre (à l'époque, pas de mail, pas d'ordi). Le réflexe qui apparaissait systématiquement ? Demander ce que les autres en pensaient et ce qu'ils feraient à ma place. Ce n'était pas conscient. C'était devenu un automatisme. Une normalité. Comme si toute ma valeur dépendait du regard des autres. Tout mon corps se mettait en alerte. Mon esprit ressemblait certainement plus à un champ de bataille avec des balles partant dans tous les sens, qu'à une eau calme. Il s'attardait sur des détails insignifiants et des scénarios improbables. J'avais besoin sans cesse que quelqu'un valide, me rassure. Sans cela j'étais incapable d'avancer. C'est comme ça que j'ai commencé par me définir à travers le regard des autres. Chaque choix, chaque décision, chaque pensée devaient être approuvés, validés. Cela passait par un filtre invisible et tacite où je me demandais à chaque instant : Est-ce que c'est ce qu'on attend de moi ? Est-ce que c'est comme ça que l'on doit faire ? Est-ce que c'est bien de penser cela ? Est-ce que je peux dire cela ? Est-ce que ça va plaire ? Je n'avais pas conscience que ce besoin de validation soit un problème. Je pensais que toutes les jeunes filles le ressentaient et qu'il était normal. Je croyais que c'était ça, la vie : chercher l'aval des autres avant de poser un choix. Je pensais que tout le monde fonctionnait ainsi. Ce que j'ignorais encore, c'est que, derrière ce besoin, il y avait un grand vide : celui de ma propre reconnaissance.

Maintenant que tu as traversé ce chapitre avec moi, je t'invite à t'offrir un moment rien qu'à toi. Ce que tu t'apprêtes à faire ce n'est pas un simple exercice. C'est un passage. Une porte. Une respiration. Une rencontre. Celle avec toi-même.

Alors, respire profondément. Pose ton mental. Prends ton carnet. Et laisse ta main te guider. Il n'y a rien à réussir, juste à ressentir.

Tout au long du livre, je vais te guider pas à pas dans *ton* propre *Voyage du Héros*. À travers des propositions introspectives, créatives, énergétiques et astrologiques. Chaque « Alchimie du chapitre », comme je les appelle, correspondra à une étape de ce voyage. Elles t'aideront à t'approcher, chapitre après chapitre, de ton manifeste final. Ton texte sacré. Ton engagement à toi.

Alchimie du chapitre 1 – Le miroir de l'enfance[3]

Tu viens d'ouvrir la première porte. Celle du début du voyage. Le tien. Ce chapitre t'a peut-être remuée. Il a fait remonter des souvenirs, des phrases, des regards. C'est normal. Tu t'apprêtes à descendre au niveau des racines. Là où se sont logées les premières graines : injonctions, croyances, conditionnements. Tu sais, ces phrases qu'on a répétées encore et encore jusqu'à ce qu'elles deviennent ta vérité. Mais aujourd'hui, tu n'es plus cette petite fille. Tu es la femme qui choisit de se souvenir, non pour ruminer, mais pour se libérer. Tu es celle qui se penche sur son passé non pas pour s'y accrocher, mais pour y poser une lumière. Pour transformer. Dans le *Voyage du Héros*, cette étape s'appelle « le monde ordinaire ». C'est la vie d'avant. Celle qu'on vit par automatisme. Celle qu'on subit parfois. Mais l'appel commence à se faire entendre. Un frémissement. Un « Et si ? » Un « Plus jamais comme avant. » Ce premier rituel introspectif est une invitation à aller chercher tes racines. À regarder dans ton miroir d'enfance. À déposer ce qui ne t'appartient plus. C'est le début de ton chemin. Et je suis là, avec toi.

Maintenant, entre dans l'Alchimie de ce chapitre. Ce que je te propose ici, ce n'est pas un exercice scolaire. Ce n'est pas quelque chose à réussir comme une bonne élève. Souviens-toi : tu es libre. Ce que je t'invite à vivre, c'est une plongée. Une exploration douce, profonde, intime. Dans ce que tu as reçu, dans ce qui t'a façonnée. Et parfois limitée, sans même que tu t'en rendes compte. On va ensemble déposer une lumière sur ton passé, non pas pour le juger, mais pour le comprendre. Pour reprendre les rênes.

Respire un grand coup. Sens la terre sous tes pieds. Sens ton souffle revenir dans ton corps. Tu n'es plus cette petite fille sans voix. Tu es cette femme qui choisit aujourd'hui de regarder dans le miroir de son enfance… pour mieux en redessiner les contours. Prête ? Allons-y.

---

[3] Tous les éléments astrologiques et centres d'énergie à activer présents dans les exercices sont donnés à titre indicatif. L'interprétation faite reste la mienne. Chaque personne possède son libre arbitre : il existe autant d'interprétations que d'astrologues.

Le début du chemin : Retourner à la racine

Chaque quête débute là où tout a commencé : dans l'enfance. Dans ce monde ordinaire où l'on a appris les règles, parfois dures, souvent silencieuses. Ces phrases qu'on t'a dites mille fois. Ces regards qui ont imprimé une vérité dans ta peau. Peut-être que tu n'as jamais osé les remettre en question. Aujourd'hui, tu peux.

⌀ Étape du Voyage du Héros

Le voyage que tu entames ici est celui de l'appel refusé. Celui que tu n'as pas encore osé écouter, parce qu'on t'a appris à te taire, à obéir, à être sage. Mais sous les couches, il y a une voix. La tienne.

Intention : Prendre conscience des injonctions reçues dans l'enfance et de la manière dont elles ont modelé nos choix, notre identité, notre vision de nous-mêmes. Se reconnecter à sa propre voix en observant ce que l'on a intégré par loyauté.

🧘 Chakra à activer : Chakra racine

Pour cette étape, on revient au chakra racine, le fondement. C'est là que se logent les premières croyances, celles sur lesquelles on a bâti notre idée de nous-mêmes. On vient redonner de la sécurité à cette base, pour pouvoir reconstruire autrement.

🕯 Couleur vibratoire : Rouge

Pour t'accompagner, le rouge est ta couleur alliée. Porte-le, peins avec, médite en sa présence. Il vient te rappeler que tu es là. Stable. Vivante. Et que tu peux choisir une autre base.

🪐 Astrologie symbolique : Saturne

Enfin, laisse Saturne t'inspirer. Elle n'est pas là pour te punir ou te limiter, bien au contraire. Elle est là pour te montrer ce qui est figé en toi afin que tu puisses, en conscience, le transmuter.

∞ Application méthode A.R.C. et Libère

Maintenant, viens plonger dans ton corps avec ma méthode A.R.C. & LIBÈRE. Parce que ce n'est pas dans ta tête que les choses vont bouger, mais dans ton corps. Ce corps qui a tout vécu. Qui a tout enregistré. Qui sait exactement où ça coince. Avec cette méthode, tu vas faire ce que peu de gens osent faire : **ressentir pour libérer**. Ce n'est pas forcément confortable. Mais c'est profondément transformateur. Tu n'as rien à forcer. Juste à accueillir. Ressentir. Et créer. A.R.C. et Libère :

A – Accueille ce qui bloque : Je remarque et accueille une croyance qui vient de mon enfance...

R – Ressens dans le corps : Quand je pense à cette croyance, où est-ce que je la ressens dans mon corps ? Est-ce que ça serre, chauffe, picote ?

C – Change et crée pour transformer : Avec une image, une phrase, une couleur ou une carte, je change et transforme cette croyance en un symbole libérateur.

✎ Écriture introspective

Maintenant que tu as ressenti dans ton corps ce qui bloque, je t'invite à poser des mots sur ces empreintes invisibles. Ici, on n'écrit pas pour bien faire. On écrit pour se dire. Pour se retrouver. Tu n'as rien à réussir, seulement à laisser couler ce qui a besoin de sortir. Même si c'est flou. Même si ça n'a pas de sens tout de suite. Ta vérité n'a pas besoin d'être jolie, elle a besoin d'être dite :

1 – Quelle est l'injonction d'enfance qui revient le plus souvent dans ta tête aujourd'hui ?

2 – Dans quelles situations t'empêche-t-elle encore d'agir, de parler, d'être toi ?

3 – Si tu pouvais écrire une lettre à l'enfant que tu étais, que lui dirais-tu aujourd'hui ?

🍃 Création intuitive

L'arbre des racines retrouvées : je t'invite à créer l'arbre symbolique de ton enfance et de ta libération. C'est un acte de reconnexion, un ancrage dans ton histoire pour mieux en réécrire les codes.

Matériel possible : Feuilles blanches, crayons, pastels, peinture, collage, éléments naturels, journaux, ou tout ce que tu as sous la main.

Forme libre : Dessin, peinture, collage, mélange de matières... c'est ton monde intérieur qui s'exprime.

Commence par te poser cette question : « Si mon enfance avait une forme, une texture, un arbre, à quoi ressemblerait-elle ? »

• Les racines symboliseront les injonctions reçues, les croyances limitantes, les « tu dois », « tu ne peux pas ». Tu peux les inscrire, les dessiner, les représenter avec des symboles ou des couleurs sombres, brutes, épaisses... ou au contraire très fines, fragiles.

• Le tronc représente ton présent, ta stabilité actuelle, la femme que tu es aujourd'hui, en transition.

• Les branches, les feuilles ou les fruits représentent les nouvelles croyances que tu choisis de faire pousser. Ce sont tes pensées libérantes, tes affirmations, ta vision de toi et du monde.

Utilise des couleurs qui te font du bien, ajoute des mots ou des symboles de transformation. Ce n'est pas un dessin pour être « joli », c'est un paysage intérieur, un outil de libération. Tu peux garder cet arbre, l'afficher, l'enterrer, le brûler ou même en faire un rituel à part entière si tu le souhaites. Quand tu as terminé, contemple-le. Tu viens de poser, entre tes mains, la première forme visible de ton chemin de transformation.

🕯️ Mini rituel d'ancrage : rendre à la Terre ce qui ne t'appartient plus

Tu as mis en lumière des injonctions. Tu as vu ce qui t'a été transmis... sans que tu l'aies choisi. Il est temps maintenant de les remettre à la Terre, de laisser partir ce qui ne te sert plus.

Trouve une petite pierre (ou un objet naturel). Tiens-la dans tes mains. Ferme les yeux. Pense à une croyance limitante héritée de ton enfance. Souffle-la dans cette pierre. Puis va dehors. Et offre cette pierre à la Terre ou à l'eau. Enterre-la, dépose-la dans une rivière, un jardin, un pot de fleurs, peu importe. Pendant que tu laisses partir, tu peux prononcer à voix haute : « Je rends ce fardeau à la Terre. Je n'ai plus à le porter. Je choisis maintenant de marcher avec mes propres racines. » Ce geste simple, sacré, vient sceller le passage de ce chapitre. Il n'est pas anodin. Il est symbolique. Il agit.

▌Fragment de manifeste

Ta vérité commence ici. Il est temps de poser les premiers mots de ton manifeste. Pas besoin qu'ils soient parfaits. Ce sont des mots vivants, bruts, peut-être encore tremblants. Mais ils sont à toi. Et rien que cela, c'est immense. Inspire-toi de ces amorces pour écrire ton propre fragment : « Je me libère de l'injonction que... et je choisis de croire que... », « Je m'autorise à remettre en question les vérités héritées. », « Je suis la femme qui choisit aujourd'hui de créer ses propres racines. » Et si tu veux aller plus loin, écris cette phrase et complète-la : « Je ne suis plus cette petite fille qu'on a voulu façonner. Aujourd'hui, je... » Ce fragment est la première pierre de ton manifeste. Il vivra, évoluera, grandira. Mais c'est ici qu'il prend naissance. Écris-le à la main. Relis-le à voix haute. Ressens-le dans ton corps. Et laisse-toi traverser par sa vérité.

CHAPITRE 2 :
LE POIDS DE LA VALIDATION

Qui j'étais ? Je ne savais pas. Ne pas le savoir était une chose, mais ne pas savoir ou pouvoir exister seule et sans la validation des autres en était une autre. Rapidement j'ai trouvé le moyen (inconsciemment je précise) de m'assurer que l'on me dise : « c'est bien », « oui tu peux faire comme cela », « oui tu peux dire ou écrire ceci ». Je cherchais l'approbation des autres sans arrêt. C'était comme un processus inconscient, une boussole qui orientait toute ma vie.

Je me revois très bien, comme si c'était hier, lorsque je devais écrire une lettre. J'écrivais, réécrivais, raturais, me demandant sans cesse si c'était correct, si c'était bien dit, bien écrit. Au final, j'écrivais trois malheureuses phrases. Puis, j'éprouvais le besoin d'aller demander de l'aide ou l'avis de ma mère, je ne sais pas trop quelle était mon intention. Elle trouvait toujours des choses à redire. Bien souvent j'avais une lettre complète écrite par maman à recopier bêtement. Le sentiment de culpabilité arrivait, et ce fameux « je ne suis pas capable ». Il me fallait des validations extérieures. Seule, je ne savais pas. Seule, c'était risqué, voire dangereux. Je retrouvais cette dynamique dans plein d'autres endroits ou sujets de ma vie. Quand je devais m'habiller pour une occasion, je demandais un avis sur ma tenue. Quand je devais choisir un plat au restaurant, je demandais ce que l'autre allait prendre, comme si je ne pouvais pas décider seule. Quand je devais faire un devoir scolaire, j'attendais qu'on me dise comment le faire pour être sûre de ne pas me tromper. Même pour des choses plus intimes – comme offrir un cadeau, dire une phrase à quelqu'un – je ressentais ce besoin de faire valider. Comme si je ne pouvais pas exister sans l'accord d'une autorité, d'un regard extérieur qui viendrait me dire « tu peux ». Et plus j'agissais ainsi, plus je me coupais de mon propre discernement. C'était devenu un automatisme.

Bien évidemment, mon idée n'était pas *bonne* et maman me conseillait toujours de dire totalement autre chose, que je trouvais absurde. C'est simple, je ne pouvais plus rien faire sans constamment aller demander l'avis de maman essentiellement. J'étais complètement dépendante. Comme si mon cerveau était vide. Je ne pouvais pas me contenter de seulement faire. Il fallait que ce soit impeccable et irréprochable. Si ce n'était pas parfait, cela signifiait que j'avais échoué. Résultat ? Je ne faisais rien, je procrastinais, je reportais. Mieux valait ne pas agir que de risquer d'être critiquée.

Ce n'était pas qu'une quête d'avis j'avais la peur panique d'être jugée et ou rejetée. Si quelqu'un désapprouvait une décision ou un propos, j'avais la sensation d'avoir commis le pire crime qui puisse exister. Mon existence reposait sur le fait d'être validée par les autres. Le simple désaccord avec moi me poussait à m'assaillir de questions. Les conséquences directes que cette attitude avait sur moi étaient que je revenais en permanence sur mes propres pensées et idées. Je suranalysais les réactions des autres pour essayer de voir ou comprendre ce qu'ils pensaient de moi, ce qui me poussait à être parfaite pour ne jamais décevoir et faisait naître en moi un sentiment d'anxiété.

De la peur du jugement découlait le fait de se conformer aux attentes des autres. Je remettais entièrement mon pouvoir aux autres. J'avais intégré en moi une règle invisible : *Si tu veux être aimée, sois ce que les autres veulent que tu sois.* Il ne fallait ni déranger ni s'imposer. Il fallait rentrer dans le moule. Ne surtout pas chercher à être trop différente, voire pas du tout. Ne pas prendre de risque, car autrement c'est dangereux. Mieux valait plaire aux autres plutôt que de me plaire à moi-même.

À force de vivre pour les autres et au travers des autres, j'avais perdu mes envies et ressentis. Lorsqu'on me demandait ce que je voulais, j'étais incapable de répondre. Mes yeux cherchaient un regard qui aurait pu me donner la réponse. Moi, je n'en savais rien. Il y avait trop longtemps que j'avais écouté ma voix. Et si, finalement, cette validation que je cherchais n'était pas la solution, mais le problème ?

C'est ainsi j'ai fini par croire que j'étais incapable de prendre une décision *seule*. Chaque choix était un dilemme. Une torture pour mon esprit. Tout me paraissait risqué. Chaque prise de parole, chaque affirmation de moi semblaient dangereuses. Je doutais de moi en permanence. Mon regard sur moi et sur ma vie s'était teinté de gris. À mes yeux le verre était toujours à moitié vide, et je ne voyais jamais qu'il pouvait être à moitié plein. Et toi, combien de fois as-tu repoussé une décision par peur du regard des autres ? Combien de projets, d'idées, d'envies as-tu laissés de côté parce que tu n'étais pas sûre que ce soit bien ?

Alchimie du chapitre 2 – Les décisions fantômes

Certaines décisions ne se prennent jamais vraiment. Elles flottent, elles attendent, elles hantent. Ce chapitre t'a peut-être fait toucher ces endroits en toi où tu sais... mais tu n'oses pas encore dire oui. Tu es à la croisée des chemins, entre ce que tu veux profondément et ce que tu crois encore devoir faire.

⏱ Étape du Voyage

Tu es ici à une étape cruciale du Voyage du Héros : **L'appel du héros**. C'est ce moment où quelque chose commence à bouger en toi. Tu sens un appel, un élan, une voix qui dit : « Et si tu changeais ? », mais cet appel est encore brouillé par des peurs, des doutes, des « oui, mais » qui freinent ton passage à l'action. Tu voudrais avancer, mais tu restes figée, paralysée par ce que les autres pourraient penser. Ton esprit tourne en boucle autour de ce que tu « devrais » faire pour bien faire. Et pendant ce temps, les décisions s'empilent, fantomatiques, dans un coin de ta tête et de ton cœur. Tu les repousses. Tu les ignores. Et pourtant, elles sont là. Cet exercice va t'aider à aller à leur rencontre. Il ne s'agit pas de « prendre la bonne décision » tout de suite ni de « faire le bon choix » – cette pression-là, tu peux la poser. Il s'agit d'abord de regarder en face toutes ces décisions que tu reportes. De comprendre pourquoi. Et de sentir ce qui se joue là, profondément.

Intention : Identifier les décisions non prises, les « oui, mais plus tard », et commencer à discerner ce qui en toi est un appel sincère... même si ça fait peur.

🧘 Chakra à activer : Plexus solaire

C'est le centre de la volonté, de la confiance en soi, de l'affirmation de soi. C'est ici que réside la capacité à dire « je décide », « je veux », « je choisis », « je prends ma place ». Lorsque ce chakra est déséquilibré, on cherche constamment la validation de l'extérieur. On doute. On a peur de mal faire. On n'ose pas trancher. Le plexus solaire gouverne tout le système digestif : estomac, foie, vésicule biliaire, pancréas, intestin grêle. Lorsqu'on vit dans le doute, l'indécision, on refoule notre puissance personnelle, cela peut se manifester par des symptômes tels que : ulcères, problème de foie, calculs biliaires, pancréatites, ballonnements, fatigue digestive. Je t'invite à te faire un cadeau énergétique : une main posée sur ton plexus et respire (si possible la main gauche la main du cœur). Ressens cette zone, imagine une lumière jaune dorée qui se diffuse et t'offre clarté, confiance et ancrage dans ta capacité de choisir.

🦋 Couleur vibratoire : Jaune

Le jaune est la couleur de la lumière intérieure, de la clarté mentale et de la joie à décider par soi-même. Il vient stimuler le chakra du plexus solaire, te redonne du pouvoir, de la vitalité et du discernement. Le jaune t'invite à te faire confiance et à t'affirmer, sans chercher à plaire ni à être validée. Tu peux méditer sur cette couleur en imaginant comme un soleil rayonnant dans ton ventre. Tu peux aussi la porter. Rappelle-toi le jaune est la lumière que tu cherches à l'extérieur, alors qu'elle vit déjà en toi.

🔮 Astrologie symbolique : Mars

Ici on est avec la planète **Mars**, l'archétype du feu, de l'initiation, du courage, du passage à l'acte. Quand tu n'oses pas décider, quand la peur dicte ton immobilisme, c'est souvent un signe que ton Mars intérieur est en veille. Ici, il s'éveille. Mars t'invite à activer ton pouvoir d'action. À trancher. À prendre une position claire. Pas pour forcer ou précipiter, mais pour incarner pleinement ton énergie de vie. On peut aussi associer les signes du Bélier, gouverné par Mars, et du Lion, gouverné par le soleil.

∞ Application méthode A.R.C. et Libère

Tu vas maintenant pouvoir t'observer avec bienveillance. Laisse-toi traverser sans jugement. Respire profondément :

A – Accueille ce qui bloque : Je repère une décision que je n'ai jamais osé prendre. Je la note en une phrase simple, comme : « Je n'ai jamais osé dire que je voulais quitter ce travail. » J'accueille sans chercher à justifier.

R – Ressentir dans le corps : Quand je pense à cette décision fantôme, qu'est-ce que je ressens ? Où est-ce que ça se loge ? Mon estomac se serre-t-il ? Mon cœur se ferme ? Ma gorge se bloque ? Je respire dans la zone où je ressens quelque chose.

C – Changer : Je crée pour transformer. Je laisse venir une image, un mot, un geste symbolique pour clôturer cette non-décision. Je peux écrire une phrase d'engagement, créer un petit objet ou un dessin pour symboliser cette décision que je reprends aujourd'hui.

✎ Écriture introspective

L'écriture est un miroir. Elle va t'aider à clarifier ce qui est resté suspendu. Voici quelques suggestions pour te guider :

1 – Quelle décision importante as-tu toujours reportée ou confiée aux autres ?

2 – Qu'est-ce que cette non-décision t'a coûté (énergie, confiance, temps, espace...)

3 – Qu'est-ce que tu pourrais gagner si tu osais la prendre maintenant, ne serait-ce qu'en toi, même si tu ne passes pas à l'action de suite ? Laisse sortir les mots comme ils viennent, même si cela te semble flou ou qu'ils te dérangent.

🍃 Création intuitive : La carte des « Oui » retenus

Je t'invite à créer une **carte symbolique de ces décisions que tu n'as jamais prises**. Celles que tu as mises en attente. Celles que tu as laissées filer parce que tu doutais, parce que tu n'osais pas, ou parce que tu attendais la permission.

Matériel possible : Papier, feutres, peinture, stylos colorés, ciseaux, magazines, colle, rubans, ficelles...

Forme libre : Une carte imaginaire, un chemin, un collage, une composition visuelle ou symbolique.

Commence par te poser cette question : Quelles sont les décisions que j'ai laissées en suspens et qui continuent à me hanter doucement ? Représente les « non-décisions » comme des bulles figées, des carrefours bloqués, des portes restées fermées. Ajoute autour les émotions, les peurs ou les pensées qui les ont figées. Puis dessine ou colle à côté les possibles : les chemins que tu pourrais encore emprunter, les désirs que tu peux raviver, les choix que tu peux encore poser. Ce sont tes « Oui » à venir. Ce support visuel devient une carte mémoire de ton pouvoir personnel retrouvé. Tu peux la garder, la relire, ou la modifier au fil de ton cheminement. Elle est vivante, comme toi.

Mini rituel d'ancrage

Allume une bougie jaune ou dorée. Assieds-toi face à elle, respire profondément. Puis prononce à voix haute une décision que tu veux reprendre aujourd'hui, par exemple : « Aujourd'hui, je décide de croire en ma voix », « Je décide de ne plus attendre pour... », « Je décide de me faire confiance ». Ce rituel symbolise ton passage de la passivité à la responsabilité consciente. Tu n'as pas besoin que ce soit parfait. Tu as juste besoin de poser un acte symbolique. Et ça commence ici.

Fragment de manifeste

Il est temps de poser un nouveau fragment de ton manifeste. Une phrase qui vient de toi. Qui naît de cette étape. Voici quelques amorces : « Je me libère du doute qui me fige, et je choisis d'écouter ma voix intérieure. », « Je m'autorise à choisir, même si ça fait peur », « Je suis la femme qui reprend les rênes de ses décisions, un pas après l'autre ». Lis ta ou tes phrases, souligne-les. Imprègne-t'en. C'est un fragment de ton oui à toi.

CHAPITRE 3 :
LE REGARD QUI FREINE

Il y a des phrases que l'on n'oublie jamais. Celles qu'on te répète sans cesse et qui peuvent, au demeurant, paraître anodines. Celles qui, des années plus tard, sont encore dans ta tête. Celles qui se sont tellement ancrées en toi que tu en as fait ta réalité. Elles se sont imposées au fil du temps comme une vérité, voir *la* vérité. Elles deviennent tes propres croyances limitantes. Ces phrases entendues et entendues sont les injonctions reçues enfants. Et on en a tous eu. Tous. Je ne suis pas unique vis-à-vis de cela. Bien sûr nos parents font ce qu'ils peuvent avec ce qu'ils ont. Je tiens ici à préciser que je ne fais pas le procès de mes parents, tout est réglé et accepté. Je les aime beaucoup. Maman me voit et me soutient de là-haut. J'ai bien évidemment plusieurs injonctions dans la tête qui sont devenues des croyances, tout un tas même. Crois-moi j'en étais cafi ! Mais une d'entre elles, je pense, a marqué mon esprit plus que d'autres.

Toute mon enfance j'ai entendu dire : « Mais non, ce n'est pas comme cela qu'on s'y prend. » ou encore « Enfin comment tu te débrouilles, laisse je vais le faire. » et parfois « Regarde ce que tu as fait ! » Ces remarques, comme exprimé quelques lignes plus haut, étaient au demeurant anodines, pas méchantes. Elles étaient dites de manières automatiques. Sans penser qu'elles pouvaient créer des traumatismes, des sillons qui allaient graver plus tard des croyances limitantes. Ces injonctions, m'ont renvoyé l'idée que je *n'étais pas capable,* oui, le fameux « t'es pas capable » que beaucoup d'entre nous se racontent, que je « m'y prenais mal ». Oui, le fameux « les autres font mieux et moi, je suis nulle », vois-tu de quoi je parle ? Cependant, contre toute attente, une remarque, entendue une seule fois m'a profondément marquée et conditionnée.

Je me souviens de ce rendez-vous dans le bureau du proviseur, avec ma maman, au collège où j'étais scolarisée. Je remets rapidement le contexte nous sommes au milieu des années 1980. Celui qui était censé m'aider, m'aiguiller pour mon avenir a lâché cette phrase comme une bombe tombée d'un avion : « Vous n'avez qu'à la mettre en CAP coiffure, vous n'en ferez rien. Elle n'y arrivera pas. » Nous étions à ce rendez-vous, car le proviseur voulait me faire tripler ma 4e. Oui, tu lis bien : *tripler* ! Ma maman, ne l'entendant pas de cette oreille, avait souhaité une entrevue. Il faut savoir que ma scolarité a été un véritable chaos. C'était difficulté sur difficulté, lacune sur lacune, échec sur échec avec de gros obstacles sur mon chemin d'apprentissage. J'étais une ado, réservée, timide, solitaire, très émotive dès qu'un professeur faisait une remarque je perdais mes moyens. Avec les camarades, au contraire, je pouvais parfois être très douce, gentille, rebelle voire colérique lorsqu'on m'embêtait ou que je sentais une injustice. On me surnommait d'ailleurs « coup de boule ». Si, si, véridique.

Pour en revenir à ce rendez-vous, quand j'ai entendu cette phrase en même temps que ma mère, je ne pense pas en avoir immédiatement saisi tout le sens, ni mesuré l'impact et le traumatisme qu'elle allait provoquer en moi. Quand je me connecte à cette scène aujourd'hui, j'ai la sensation que deux adultes débattent de mon avenir comme si je n'étais pas là, comme si je n'avais pas mon mot à dire. L'impression qu'on me réduisait à un potentiel limité, qu'on décidait pour moi. « Non, toi, tu n'es pas capable de passer en 3e, va en coiffure. Next ! »

Heureusement, ma maman croyait en moi. Elle a refusé catégoriquement cette proposition. Avec sa répartie bien à elle, elle a tout simplement répondu au proviseur : « Puisque c'est ainsi que vous voyez l'avenir de ma fille, je la retire du collège public. Je vais l'inscrire dans le privé, là où elle sera mieux considérée, vue et entendue dans sa différence. » *Merci maman !* Mais le mal, lui, était fait. À partir de cet instant, le doute s'est installé en moi : « Et s'il avait raison ? », « Si je n'étais effectivement pas capable de faire autre chose que de la coiffure ? » Dans les années 1980, le CAP coiffure représentait la voie de garage pour toutes ces adolescentes qui ne savaient pas trop quoi faire, ou bien, comme moi, qu'on jugeait de « pas très douée » pour une voie plus classique.

Avec du recul, ce qui est assez ironique – et peut-être le point « positif » à retenir – c'est que cette phrase, sans m'en rendre compte, a laissé une empreinte en moi. Je ne suis pas allée en coiffure… mais je suis devenue très exigeante sur mes coiffures.

Et pas n'importe comment ! Avec des coiffures originales, colorées, affirmées. Comme si cette idée s'était ancrée en moi comme une part de mon identité.

Puis, quelques années plus tard, vers mes 21 ans, comme si la phrase du proviseur ne suffisait pas, un autre verdict est tombé. Cette fois ce n'était pas un adulte qui décidait, mais un diagnostic. Un mot, posé comme ça sur moi. Une nouvelle étiquette que j'allais coller sur mon front. Une raison de plus qui allait me faire penser que j'étais limitée, nulle, pas comme les autres. Après une scolarité chaotique, ressemblant davantage à un tsunami permanent qu'à un lac paisible, notre médecin de famille, très à l'écoute et proche de nous, s'est inquiétée. Elle voyait bien mon mal être, mes difficultés à être, à m'exprimer. Alors, elle a demandé à ma mère si un test orthophonique avait été réalisé à l'école. Bien évidemment que non, à l'époque, ce type d'examens n'était pas une évidence lorsqu'un élève rencontrait des difficultés. On préférait dire « élève fainéant ».

Alors me voilà partie pour cette série de tests, à 21 ans, chez une orthophoniste. Et quelques semaines plus tard, des mots entrent dans ma vie : « dyslexie », « troubles dyslexiques », « multi dys ». Malgré mon âge, je n'y comprenais pas grand-chose à tout ça. Et je me suis embarquée dans une longue suite de rendez-vous orthophoniques pour réapprendre la langue française : grammaire, conjugaison afin d'essayer de recalibrer tout cela dans mon cerveau. Si seulement la dyslexie se limitait à confondre le « b » et le « p », ce serait facile. Mais, les troubles dys sont bien plus complexes. Je ne développerai pas plus ici, car ce n'est pas l'objet de ce livre, mais, si tu veux t'informer ou si tu penses que quelqu'un autour de toi a besoin de soutien, je t'invite à te renseigner[4]. C'est à partir de ces rendez-vous que j'ai commencé à me sentir « différente », « débile », « à part ». Et à cet instant, tu te demandes « Où est-ce que ça a cloché chez moi ? », « Qu'est-ce qui a été mal câblé ? Pourquoi ? » Finalement, peut-être que l'extérieur a raison... je ne suis pas capable de plus.

Quand on te répète que certaines choses ne sont pas faites pour toi, ou que tu n'es pas faite pour certaines choses, tu finis par y

---

[4] Site de la Fédération française des Dys : https://www.ffdys.com.

croire. Et une fois que tu y crois, tu ne cherches même plus à te prouver le contraire. C'est comme si c'était acté. Pourquoi essayer si c'est perdu d'avance ? Pourquoi rêver, si c'est pour échouer ? C'était devenu mes pensées. En croyant que je n'étais pas capable, je n'arrivais pas à réussir. Je ne peux pas dire que je ne faisais rien, mais je m'auto-sabotais. Tout ce que j'entreprenais n'était jamais excellent. Le doute, la peur de ne pas y arriver faisaient de moi l'éternelle deuxième comme notre « Poupou », le cycliste Raymond Poulidor, célèbre pour être toujours deuxième malgré sa belle carrière.

C'était particulièrement visible lors des compétitions de danse de salon que je pratiquais avec mon adorable cousin. Nous étions, 2e, 3e, 4e, mais rarement – ou pas que je me souvienne – les premiers. J'adorais danser, c'était beau, grandiose, nous étions beaux. Mais au moment des compétitions j'étais envahie par la peur de mal faire. La peur de rater un pas, la peur des juges en bord de piste qui observaient et notaient chaque pas, chaque geste, chaque mouvement... me tétanisait. Je me voyais perdre tous mes moyens. Je voyais les autres avancer, progresser, réussir. Pendant que moi, je restais figée dans l'incertitude, les doutes, les peurs. Je me racontais que je n'étais pas « assez douée », « assez capable », « assez intelligente ». Alors je me bloquais. Je m'auto-sabotais. Et ces pensées, bien sûr, créaient ma réalité. Elles me confirmaient, me prouvaient que je n'étais effectivement pas capable de réussir.

Il m'a fallu des années pour défier ces croyances. Des années pour oser me dire que j'étais peut-être capable. Que c'était peut-être possible pour moi d'y arriver, là où on m'avait dit que c'était impossible. Comment transformer ces échecs en opportunités ?

Un jour j'ai décidé de prendre le taureau par les cornes et de me lancer en mission : repasser mon bac à 42 ans, plus de vingt ans après l'avoir loupé. Ce choix a été un défi personnel (et familial) qui m'a replongé dans tout ce que j'avais détesté à l'époque : étudier. Oui, l'année 2014-2015 a été un véritable challenge. Décider de passer son bac avec deux enfants encore petits qui avaient besoin de leur maman, tout en habitant à deux heures de l'université où je me rendais un samedi sur deux pour les cours en présentiel, et en étant chef d'entreprise... c'était audacieux et loin d'être gagné.

Pendant 9 mois je suis devenue la parfaite étudiante de la maison et surtout indisponible. Les balades familiales ? Sans moi. Les repas ? Sans moi. Les soirées avec chéri ? Toujours sans moi. Je mangeais, dormais, travaillais, étudiais. Mon désir de réussir pour moi, en premier lieu, puis pour mes enfants était si fort que rien ne me déviait de mon objectif. Obtenir ce bac. Mais, cela n'a pas empêché les doutes, les peurs, les démons et la colère de refaire surface : « Et si je ne l'ai pas ? », « Et si, encore une fois, je prouve qu'ils avaient raison ? »

C'est là que j'ai compris : ce n'était pas qu'une question de capacité, mais de conditionnement. Même si, oui, les troubles dys étaient bien réels et me rendaient les apprentissages pas faciles, en aucun cas cela faisait de moi une idiote. Alors, j'ai décidé d'y croire encore et encore. Je me suis visualisée en train d'obtenir ce bac, de le célébrer en famille. Car oui, c'était devenu une histoire familiale. J'avais embarqué tout le monde ! Je me suis même laissé rêver et imaginer poursuivre en licence d'art et archéologie, ce que j'aurais aimé faire 20 ans plus tôt... si j'avais eu ce bac.

Pendant des années j'ai cru que tout était une question de capacités. Je pensais que si je doutais autant c'était parce que je n'étais pas assez douée, intelligente, légitime. En réalité, le vrai poison n'était pas l'échec en lui-même, mais tout ce que j'avais accumulé en silence. Toutes ces émotions, ces frustrations, ces colères ravalées, non exprimées par peur de. À force d'être contenues, elles se sont imprimées en moi jusqu'à exploser. Parce que oui, à force de ne rien dire, de me taire, d'encaisser, de ne pas oser exprimer ma vérité, c'est mon corps qui a parlé. Et il a parlé fort ! Avant même que je me donne une chance de me prouver que j'étais capable, il m'a stoppé net. Dix jours d'hôpital, juste avant notre gros déménagement pour changer de région. Quand on ne laisse pas sortir ce qui nous ronge, ça trouve toujours une autre issue. Tout ce qui ne s'exprime pas s'imprime. Et pour moi ce fut la maladie.

Alchimie du chapitre 3 – L'enfant qui se cache

Tu avances. Lentement. Mais sûrement. Et tu commences à sentir que quelque chose résiste. Une partie de toi préfère encore rester dans l'ombre, se tapir dans un coin, invisible. C'est l'enfant qui se cache. Celle qui a appris que se montrer était dangereux. Aujourd'hui, on ne va pas la brusquer. On va juste lui dire qu'elle a le droit d'exister.

⌀ Étape du Voyage : Le Refus de l'appel

Tu as entendu cet appel. Tu as senti sa vibration. Le mouvement intérieur. Mais au moment de répondre, quelque chose en toi a freiné des quatre fers ! Ce chapitre explore le moment charnière, où tu sais que tu dois y aller, mais où tu choisis de rester là. Pas par faiblesse ou manque de courage. Mais parce que, pendant des années, tu as appris à te cacher, à survivre. C'est ici que l'on rencontre l'enfant en soi. Celui, ou celle, qui a développé des stratégies pour se faire petit, invisible, parfait. Pour ne pas déranger. Et ces stratégies, tu les portes encore aujourd'hui. Elles te bloquent quand il faudrait t'exprimer. Elles te freinent quand tu veux rayonner. Mais tu ne l'as pas choisi consciemment. Elles t'ont protégée. Maintenant, il est temps de les remercier. Puis de choisir autre chose.

Intention : Reconnaître ce qui en toi se fige encore. Observer les zones de blocage et d'évitement, non pour les juger, mais pour les approcher avec douceur.

🧘 Chakra à activer : Plexus solaire

Ici nous restons sur le chakra du **plexus solaire**. Car cette étape demande du courage. Elle demande de regarder les peurs en face. De comprendre que ces blocages, ces refus d'oser, ne sont pas des défauts. Ce sont comme des cicatrices. Des héritages. Des réflexes de protection. Le plexus est aussi le centre de la digestion émotionnelle. Il digère les critiques, les regards, les humiliations, les rejets. Et parfois il reste noué, crispé, comme s'il voulait encore se protéger du monde. C'est là que nous allons respirer, ramener de la chaleur et de la clarté.

🪶 Couleur vibratoire : Jaune

Le jaune revient dans ce chapitre, non plus comme une lumière de décision, mais comme une torche intérieure. Elle éclaire les zones où tu te caches. Elle te rappelle que tu as le droit de prendre ta place. Imagine une lumière dorée qui te traverse, qui vient ranimer ce que tu as éteint en toi. Une lumière douce pas agressive. Une lumière qui t'ouvre un chemin. Le tien.

🔍 Astrologie symbolique : Soleil

À ce stade du chemin, c'est le **Soleil** qui vient te soutenir. Il symbolise ton identité profonde, ta capacité à rayonner, à prendre ta juste place. Il éclaire les zones d'ombres où tu t'es cachée. Il te rappelle que tu es née pour rayonner, pas pour te fondre dans le décor. Le Soleil te souffle : « Tu n'as pas à t'excuser d'exister. »

∞ Application méthode A.R.C. et Libère

Chaque peur a une racine. Et chaque transformation passe par le corps.

A – Accueille ce qui bloque : Je repère une situation où je me suis empêchée d'agir, de parler, d'exister pleinement. Une scène où j'ai voulu dire non, mais je me suis tue. Ou au contraire, une situation où j'ai fui pour ne pas affronter le regard ou le rejet.

R – Ressentir dans le corps : Je ferme les yeux. Je revois cette scène. Je ressens : où ça se serre ? Où ça tremble ? Où je me contracte ?

C – Changer, créer pour transformer : Je dessine l'enfant en moi, dans sa cachette. Puis j'imagine une main qui vient le/la chercher. Une lumière qui entre. Je transforme cette image en un symbole de sortie, d'ouverture.

◢ Écriture introspective

Maintenant, c'est à toi :

1 — Quelle est ta plus grande peur quand il s'agit de te montrer ?

2 — Peux-tu te souvenir d'un moment dans l'enfance où tu t'es sentie honteuse, ridiculisée ou invisible ?

3 — Comment cet enfant a-t-il réagi ? Et comment, aujourd'hui, tu pourrais lui tendre la main ? Laisse les mots sortir. Même si c'est confus. Même si c'est douloureux. Tu écris pour guérir. Pas pour impressionner.

● Création intuitive

Le portrait de mon enfant intérieur : je t'invite à **rencontrer ton enfant intérieur** à travers une création libre. Pas celle que tu crois connaître, mais celle qui a été mise de côté, celle qui a eu peur, honte, ou qui s'est tue pour ne pas déranger.

Matériel possible : Feuilles, feutres, peinture, pastels, ciseaux, tissus, éléments naturels, photos d'enfance si tu veux.

Forme libre : Dessin, collage, silhouette, poupée symbolique, *vision board*, tout est bienvenu.

Commence par te poser cette question : Si mon enfant intérieur voulait être vu aujourd'hui, à quoi ressemblerait-il ? Qu'aurait-il à me dire ? Dessine ou crée l'image de cet enfant : son visage, ses vêtements, ses gestes, ses couleurs. Ajoute autour des mots, symboles ou objets qui représentent ce qu'il n'a pas pu dire ou faire. Puis, offre-lui un geste de tendresse : une lumière, une couleur, une phrase de protection ou de joie. Ce portrait est une passerelle. Tu peux y revenir, lui parler, le modifier. Il devient un allié, une mémoire, un miroir d'amour.

◢ Mini rituel d'ancrage

Ce soir, avant de dormir, allume une bougie et place un objet de ton enfance ou un objet symbolique doux près de ton lit. Parle à haute voix à l'enfant que tu as été. Dis-lui ce que tu aurais aimé entendre. Et termine par cette phrase : « Tu n'as plus besoin de te cacher. Je suis là maintenant. Je prends soin de toi. » Laisse cette phrase résonner dans ton cœur. Ce rituel est un lien. Une réconciliation. Un serment.

▪ Fragment de manifeste

Il est temps d'écrire un nouveau morceau de ton engagement à toi-même. Voici quelques amorces : « Je me libère de la peur de déranger, et je choisis de me montrer. », « Je m'autorise à sortir de ma cachette, même si j'ai encore peur. », « Je suis la femme qui accueille son enfant intérieur et l'aide à briller. » Recopie ta phrase à la main. Colle-la quelque part si tu veux. Mais surtout : ressens-la. Fais-la vibrer dans ton corps.

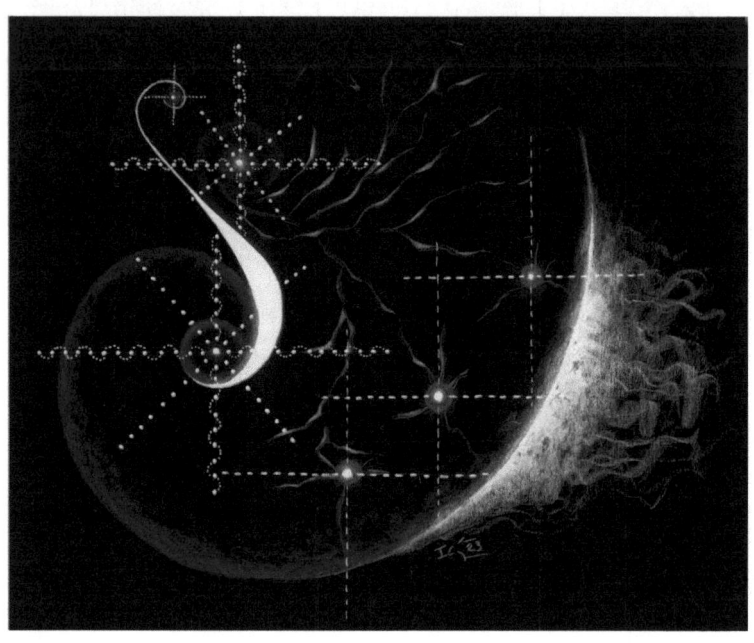

Message vibratoire de l'œuvre

Nature divine
Il y a en toi une terre sacrée. Un lieu pur, vierge, inviolé.
Cette œuvre te relie à cette nature oubliée, mais jamais perdue.
Souviens-toi de ton origine.
Tu es divine.

CHAPITRE 4 :
LE CORPS MESSAGER

La colère. Je l'ai vue et reconnue lorsque je suis tombée malade. Avant cela, je ne l'avais ni identifiée ni même perçue. Pourtant, elle était là, tapie dans l'ombre, enfouie sous des années de silence, de concessions, de non-dits, de frustrations et de peurs. Souvent, les gens me voyaient comme une personne calme et posée. Mais en réalité, à l'intérieur, se cachait un volcan en ébullition, prêt à exploser à tout moment. Et à force de contenir cette lave, un jour mon corps a lâché.

Je fais partie d'une génération où écouter ses émotions était mal perçu. Être en colère, ce n'était ni beau ni correct. Alors, je l'ai refoulée, encore et encore. Pourtant, le corps, lui, enregistrait parfaitement chaque instant, chaque situation où je ne me respectais pas. *Le corps n'oublie jamais.*

Il a donc dit stop. Ce que je ne laissais pas sortir de l'extérieur a fini par me ronger de l'intérieur, lentement, sournoisement. Un jour, il a explosé en plein vol. N'étant pas douillette et peu à l'écoute de mon corps à cette époque, j'ai ignoré les premiers signaux, les premières alertes qui auraient dû me mettre la puce à l'oreille. Oui, j'avais mal au ventre depuis plusieurs mois, surtout la nuit. Puis, la douleur est devenue quotidienne. Une fatigue écrasante s'est installée, et ma digestion est devenue capricieuse. Tout ce que je mangeais me faisait gonfler le ventre de façon aléatoire. Je me suis convaincue que c'était dû au stress.

En 2012 mon mari est au chômage, je m'apprête à fermer ma première entreprise, qui fonctionnait, mais j'en avais fait le tour. Fin août 2012, mon mari part à 400 kilomètres de la maison pour un nouveau poste en période d'essai de trois mois. Je me suis retrouvée seule à gérer la fermeture et la clôture de mon entreprise, les enfants encore petits, et la préparation d'un déménagement imminent. Le jour où mon corps a dit stop, je venais de récupérer respectivement mes deux enfants à deux endroits différents. Je me suis installée dans la voiture, mais je n'arrivais pas à m'attacher, et mon visage se tordait de douleur. Mon ventre avait quadruplé de volume. *On ne m'a pas prévenu que j'attendais le petit troisième !*

J'ai conduit, à moitié consciente, jusqu'à chez mes parents. Une fois arrivée, je me suis affalée sur le canapé, épuisée, incapable de dire trois mots. Mon corps devenait un fardeau lourd, mais lourd. Impossible de me relever. Ma température était de 41 degrés. *Bien chaud !* Puis tout s'est enchaîné : SAMU, urgences, lit d'hôpital. Quelques heures plus tard, après de nombreux examens, le diagnostic est tombé : calculs dans la voie biliaire ayant migrés dans le canal cholédoque, début de pancréatique et jaunisse. Voilà, c'était dit. Ouf, je ne vais pas accoucher d'un petit troisième, mais d'autres choses, je le comprendrai plus tard.

Nous sommes le 28 janvier 2013 lorsque je suis admise en service gastro-entérologie. J'ai passé dix jours à l'hôpital, oui, dix longs jours alors que j'avais des cartons qui m'attendaient pour le déménagement. Dix jours, parce que je n'ai pas écouté mon corps et ma douleur. Tout comme la colère refoulée pendant tant de décennies, j'avais mis un couvercle sur ce volcan prêt à exploser. Je te passe les détails de la taille des calculs et de la couleur de la vésicule après ablation, que le chirurgien a pris soin de me montrer en me disant : « Madame, on était à deux doigts de quelque chose de bien plus grave, il ne faut pas attendre quand on a mal. » La claque ! C'est à ce moment-là que j'ai compris que cette maladie n'était pas juste physique. Elle venait de tout ce que j'avais encaissé sans jamais l'exprimer.

La colère non exprimée se transforme souvent en rejet de soi et du monde. Mon corps venait d'éjecter de moi une forme de pourriture sans nom. Cette hospitalisation, en 2013, a marqué la fin de plus de vingt-cinq ans de mal-être profond. Vingt-cinq ans à descendre dans l'obscurité où seul le noir régnait, où seul le chaos s'exprimait, où seule l'odeur fétide de mon mal-être remplissait l'obscurité. Oui, c'était mon monde. Je détestais la vie, *ma* vie. J'étais comme engluée dans cette vase, épaisse comme du goudron, dont on n'arrive pas à se dépêtrer. J'étais bloquée, incapable d'avancer physiquement, mentalement, émotionnellement ou énergétiquement. Cette perception négative que j'avais de la vie, qui, selon moi, ne valait pas le coup, empêchait clairement toute amélioration. Je rejetais la vie, ma vie, et moi en même temps. Plus rien n'avait de saveur. J'avais tellement intériorisé cette colère qu'elle était devenue un poison.

Grâce à cette hospitalisation, j'ai commencé à me poser des questions. Des vraies questions. Et si cette maladie n'était pas là pour me détruire, mais pour me dire quelque chose ? D'ailleurs, durant mon séjour, il n'y a pas que ma vésicule qui m'a dit quelque chose. La première nuit suivant l'opération, j'ai vécu une expérience de mort imminente (EMI), comme j'ai su l'appeler deux ans plus tard, soit en 2015. Lors de cette EMI, je flottais dans ma chambre, me voyant m'agiter sur mon lit. J'ai vu défiler sous mes yeux, toute ma vie. Je disais au revoir à tout le monde, les proches, les moins proches, tous ceux que j'aimais.

Puis vint ce tunnel immaculé de blanc, vers lequel j'étais irrésistiblement attirée. Cette lumière blanche, cette douceur, cette paix que je ressentais formaient un véritable havre de sérénité. J'avais trouvé l'endroit rêvé pour vivre heureuse et épanouie. En même temps je me suis dit : « Ah c'est la fin pour toi ! *GAME OVER.* » Et là, deux silhouettes, ressemblant à des volutes, me disent : « Ce n'est pas le moment pour toi, retourne d'où tu viens et, transmets-leur. » À cet instant je suis retombée brutalement sur mon lit, sans rien y comprendre.

Longtemps j'ai cru que la maladie était une fatalité, une injustice de plus sur mon chemin. Je voyais, à cette époque, mon corps comme une prison, qui me rappelait chaque jour les douleurs et limites imposées. Avec le recul, j'ai compris une chose essentielle : mon corps n'est pas mon ennemi. Il me parlait, tout simplement. Il exprimait ce que je taisais, ce que je refusais de voir. Cette colère enfouie, ces non-dits, ces frustrations accumulées cherchaient à sortir.

Et si cette épreuve n'était pas une punition, mais un signal d'alarme ? Un cri silencieux pour me dire qu'il était temps d'écouter, de me libérer, de transformer ? Prendre conscience que mon corps n'était pas une contrainte, mais une opportunité d'évolution a été un tournant. Ce qui se passe dans notre vie n'est jamais le fruit du hasard. Chaque douleur, chaque crise nous invite à un changement profond. Il ne s'agit pas de culpabiliser, ni de nier la difficulté, mais de comprendre que, derrière l'épreuve, il y a une porte. Une porte vers un autre regard, une nouvelle façon d'être, de penser et de vivre.

Le jour où j'ai cessé de voir tout cela comme un frein ou une injustice, et où j'ai choisi d'y lire un message, tout a commencé à se transformer. J'ai commencé à m'interroger réellement, avec des questions évolutives et non sclérosantes : Qu'est-ce que cette douleur me dit de moi ? Où ai-je abandonné ma propre vérité ? Où est-ce que je me suis trahie ? La réponse était là, bien plus profonde que ce que j'imaginais. C'était le début d'un long processus, celui de me libérer de cette colère qui me rongeait et de reprendre ma souveraineté.

Oui, je dis bien un long processus, car, même si une prise de conscience avait surgi, au fond de moi, je restais convaincue d'être limitée. À force de me sentir impuissante, j'évitais tout ce qui pouvait me confronter à mes peurs. Du passage à l'action, oui, il y en avait c'est dans ma nature. Du passage à l'action, comme si une corde invisible retenait l'élan. Car aller trop loin peut faire mal. Intéressant, n'est-ce pas ? Toujours ces injonctions de l'enfance qui traînaient dans un coin de la tête. Alors, mieux valait la quasi-immobilité que de risquer l'échec. Je bâtissais à nouveau une prison en moi. Sur notre nouveau lieu de vie, après quelques mois à prendre mes repères, puis à me faire soigner pour ma convalescence, je décide de réactiver mon numéro de SIRET et d'ouvrir un atelier de dessin. Après tout, je dessine depuis plus de trente ans, et un élan intérieur me pousse à croire que je suis capable d'enseigner le dessin aux enfants et aux adultes. Contre toute attente, les demandes affluent rapidement. Me voilà presque chaque jour à donner des cours dans différentes associations où je suis accueillie avec enthousiasme.

Cependant, rapidement aussi, je me limite. Sans en avoir conscience, tout en me reconstruisant et en m'adaptant à cette nouvelle région, je construis une nouvelle prison. Une ne suffisait pas, deux c'est mieux. Une prison plus douce, plus jolie peut-être, mais une prison dorée tout de même. Je m'impose des limites.

Je rentre dans l'ère de la petitesse : je me vois petite, je rêve petit, je fais petit. Une petite structure pour cette deuxième entreprise, de petits ateliers de dessin dans de petits lieux, avec – c'est presque ironique – de petits élèves. Un petit chiffre d'affaires, alors que je sais en faire bien plus. De petits projets aussi. Je me souviens d'un projet que j'ai imaginé en utilisant l'astrologie. Mon idée était de monter une pièce de théâtre, où les participantes incarneraient une planète, un signe astrologique et où, après une phase théorique, ils improviseraient sur scène, en interaction avec les autres. Le nom de ce projet ? « Le petit théâtre astrologique ». Bien évidemment, ça n'a pas pris.

J'ai compris, bien plus tard, que le corps garde en mémoire les traumatismes. Que le mental cherche à nous préserver de ce qui a été vécu comme insupportable. Stress, urgence, angoisse, peur : ils ne voulaient plus revivre tout cela. Alors, pour ne plus jamais frôler l'effondrement, il a trouvé une stratégie : me maintenir dans le petit, le raisonnable, le contrôle. D'une manière inconsciente, une forme de paralysie mentale s'est installée. Je me limite encore. La peur de mal faire, de ne pas être à la hauteur, m'empêche d'oser plus. Je ne veux pas revivre ce que j'ai vécu. Je ne veux pas me brûler à nouveau.

Alors je vois petit. Je ne dépasse pas trop ma zone de confort. C'est plus sûr, c'est plus stable. Et pourtant, je sens à nouveau monter une colère sourde, une culpabilité envers moi-même. Celle de ne rien tenter de plus.

Peu à peu, j'ai commencé à accueillir la colère. À la voir. À l'écouter. Mais à mesure qu'elle perdait en intensité, une autre émotion prenait de plus en plus de place : la peur. La peur de faire grand. La peur de perdre ma tranquillité. La peur de ne pas y arriver. Et plus je m'enfermais dans cette peur, plus je devenais aveugle aux possibilités.

Ce n'est pas que les opportunités n'étaient pas là. C'est que je ne les voyais plus. Ou plutôt je les voyais... mais je les laissais passer. Parce que je me convainquais que ce n'était pas pour moi. Que c'était trop grand, trop ambitieux, trop loin de ce que je croyais possible. Donc, forcément que je n'en étais pas capable. Pendant que d'autres osaient, moi, je restais dans mon cocon. Un cocon fait de croyances limitantes bien tissées, rassurant en apparence, mais terriblement étouffant.

Combien de fois je n'ai pas osé, par peur de l'échec ? Même un livre entier ne suffirait pas à tout nommer ! Je peux te citer mes examens loupés : BEPC, BAC (premier essai), CAP 1 et 2... Autant d'étapes ratées, non pas parce que je n'en avais pas les capacités, mais parce que j'étais paralysée par cette croyance tenace : « Je ne suis pas capable. » J'ai toujours travaillé dur, mais à l'intérieur, quelque chose sabotait mes efforts à chaque fois.

Je vais prendre l'exemple du CAP, car, selon moi c'est le plus parlant. Mon parcours scolaire a été plus que chaotique et aussi atypique. Tout comme je le suis aussi d'ailleurs, *atypique* ! Après mon premier essai pour le BAC, j'ai commencé un CAP. Non, je te vois venir pas le fameux CAP coiffure, mais le CAP d'Agent d'Exécution Graphiste Décorateur. Ça claque, hein ? Pour que tu puisses te représenter ce qu'est ce CAP au nom pompeux, c'est anciennement Peintre en Lettres. J'avais 20 ou 21 ans, j'avais choisi une formation accélérée de neuf mois, et tout se passait bien. Les cours, les résultats, toute l'année se déroulent bien. Et puis l'examen est arrivé. Et là, comme si mon système interne avait tiré la sonnette d'alarme, la peur m'a engloutie. Résultat : échec à cinq points près.

Une fois ne suffisant pas, je remets ça deux ans plus tard. Cette fois en alternance, avec deux semaines par mois dans une entreprise et le reste du temps au CFA. J'ai 23 ans. Les autres ont entre 16 et 17 ans. Je le vis très mal. En plus c'est à Lyon et je me sens perdue, seule, pensant que tout le monde me regarde. À l'époque, pas de téléphone portable pour appeler des potes.

Et puis, les épreuves arrivent, la pression monte, la peur revient. On reprend la même recette et on obtient le même résultat. Cette fois-ci, raté à deux points près. Rageant, crois-moi ! C'était d'autant plus dur à encaisser que j'étais dans mon domaine : le dessin, la créativité, les lettres... tout ce que j'aimais profondément. Mais rien à faire. Même là, je me plantais.

Cette incapacité à réussir, même là où j'étais censée être « bonne », renforçait une frustration déjà bien installée. Je voyais les autres tracer leur route, obtenir leurs diplômes, avancer, pendant que moi je tournais en rond. La colère grondait en moi. Pourquoi moi ? Que se passe-t-il ? Qu'ai-je fait ou pas fait ? J'étais en colère, épuisée, lassée d'échouer. Au fond de moi je sentais quelque chose de plus profond. Un poison, plus insidieux. Si je n'osais pas, si je me sentais coincée, limitée, empêchée, c'est peut-être aussi parce que je n'avais jamais appris à penser par moi-même. Et si cette colère, ce rejet de la vie, ce sentiment d'être incapable n'étaient pas vraiment les miens ?

Alchimie du chapitre 4 – Le corps messager

Tu arrives à une étape où le corps commence à parler. Il ne chuchote plus. Il crie, parfois. Il te rappelle que tout ce que tu as refoulé, mis de côté... est toujours là. Imprimé. Ancré dans la chair. Le corps est ton allié. Même dans la douleur. Il ne ment jamais. Et il est temps de l'écouter autrement.

⌀ Étape du Voyage

Tu viens de traverser un territoire délicat : celui de la colère refoulée, des maux du corps, de la douleur intériorisée. Ce chapitre t'a peut-être remué, car il vient toucher des endroits où tu as appris à ne pas aller. Il parle de cette colère que l'on a transformée en silence, en tension, parfois en maladie (langage des oiseaux : mal-à-dit). Il parle de ce corps qu'on a appris à ignorer. Jusqu'à ce qu'il brûle. Dans le *Voyage du Héros*, cette étape s'appelle **la rencontre avec le mentor intérieur.** C'est le moment où un allié inattendu apparaît. Et ici, cet allié c'est ton corps. Celui qu'on a voulu étouffer, contrôler, punir. Et pourtant, qui n'a jamais cessé de te parler. C'est lui ton guide. Celui qui détient une sagesse que ta tête ne peut pas toujours comprendre. C'est ici que commence une bascule profonde. Tu n'es plus seule. Quelque chose en toi sait, te guide. Dans ce chapitre, ton corps devient ce mentor. Il te montre ce que tu ne veux plus ou pas voir. Il traduit tes émotions, tes blocages, tes blessures, écoute-le.

Intention : Apprendre à écouter ton corps comme un langage sacré. Identifier ses messages pour transformer ta relation avec lui.

♨ Chakra à activer : Chakra sacré

Le **Chakra sacré** est situé dans le bas ventre, au niveau du bassin, c'est le centre des émotions, de la créativité, de la fluidité, du corps et de la vitalité. C'est souvent là aussi que les colères refoulées, les abus, les frustrations s'accumulent et stagnent. Quand ce chakra est bloqué, on peut ressentir une déconnexion au corps, une sensation de vide, une colère rentrée, une perte de désir ou d'élan créateur. En activant ce chakra, tu te reconnectes à ta chair, à ta sensibilité, à ton droit au plaisir, au mouvement, à la liberté d'éprouver. Reviens dans ton bassin. Danse. Bouge. Respire dans ton ventre. Et laisse la vie recirculer en toi.

🪶 Couleur vibratoire : Orange

Ta couleur pour ce chapitre est l'**orange**, la couleur du chakra sacré. C'est une teinte chaude, fluide, qui évoque à la fois la sensualité, la créativité et la reconnexion au corps. Elle vient adoucir, réchauffer, délier. L'orange t'invite à honorer tes émotions au lieu de les fuir, à remettre du mouvement là où la colère est restée figée. Tu peux la porter, peindre avec elle, méditer sur elle. Laisse cette couleur t'envelopper comme un baume : elle vient réveiller la vie en toi, là où le feu avait été contenu.

🪶 Astrologie symbolique : Scorpion et Cancer

Ici, l'énergie du **Scorpion** t'invite à descendre dans tes profondeurs : là où la colère enfouie devient matière à transformation. Le **Cancer**, gardien du lien au corps et aux mémoires émotionnelles, te rappelle que chaque sensation raconte une histoire. Jupiter, planète d'expansion et de vérité, vient souffler un vent d'espoir : celui de comprendre ce que tu ressens pour mieux t'en libérer. Ton corps est un sanctuaire. Et l'Univers t'accompagne dans ce passage.

∞ Application méthode A.R.C. et Libère

Maintenant que tu es en lien avec ce que ton corps porte, je t'invite à passer par le ressenti et la création avec la méthode.

A – Accueille ce qui bloque : Quelle colère ancienne, quelle émotion bloquée, non dite habite encore ton corps ?

R – Ressens dans le corps : Où est-ce que ça serre, brûle, pique ou se ferme quand tu penses à cette émotion ? Est-ce l'estomac, la gorge, la poitrine ?

C – Changer, créer pour transformer : Crée un symbole (dessin, collage, phrase...) qui représente cette colère transformée en énergie vivante. Une force nouvelle. Quelque chose qui te rend plus vraie.

✍ Écriture introspective

Ici, prends le temps d'écouter ce que la colère ou ton corps veulent te dire. Écris sans filtre, sans contrôle. Tu ne seras pas jugée. C'est ton espace de vérité.

1 – Quand est-ce que ton corps a commencé à te parler ?

2 – Quelle émotion as-tu le plus souvent réprimée dans ta vie ?

3 – Si cette émotion avait un message à te transmettre, que dirait-elle ?

🐚 Création intuitive : le corps messager

Je t'invite à représenter **ton corps comme un guide, un messager de vérité.** Ce corps qui t'a tant parlé. Qui a retenu les colères, les douleurs, les silences. Et qui, pourtant, est encore là, vivant, vibrant.

Matériel possible : Grande feuille, feutres, peinture corporelle, craies grasses, morceaux de tissu, rubans, ficelles, photos, tout support libre.

Forme libre : Silhouette de ton corps, zones colorées, carte corporelle, mandala corporel, autoportrait énergétique.

Commence par te poser cette question : Qu'est-ce que mon corps essaie de me dire depuis tout ce temps ? Trace une forme de corps (la tienne ou symbolique) et viens y poser les zones de tension, de chaleur, de douleur ou de vide. Utilise les couleurs, formes ou matières pour exprimer ce qui y circule : colère, fatigue, amour, cris muets... Puis, ajoute ce que tu veux lui dire, lui offrir, lui promettre. Tu peux écrire dessus, coller des mots, ou ajouter des éléments qui apaisent ou renforcent. Ce corps-là est ton allié. Même dans le chaos. Et cette création est un acte de reconnaissance. Tu peux la garder comme un talisman ou l'enterrer comme une offrande de guérison.

◢ Mini rituel d'ancrage : Le feu alchimique de libération

Allume une bougie orange. Prends une feuille et écris une phrase de colère, une vérité que tu n'as jamais osé dire. Une phrase brute, directe, vivante. Puis, lis-la à voix haute. Respire. Et brûle cette feuille avec conscience. En regardant le feu, répète cette phrase : « Je rends cette colère au feu de la transformation. Je me libère et je me choisis. » Laisse la flamme purifier ce qui ne t'appartient plus. Tu es en train d'alchimiser ton feu intérieur.

▆ Fragment de manifeste

C'est le moment d'ancrer ta transformation par des mots choisis. Écris à la main ton fragment, en t'inspirant de ces amorces : « Je me libère de la colère étouffée et je choisis de l'exprimer avec justesse. », « Je m'autorise à écouter ce que mon corps me crie depuis si longtemps. », « Je suis la femme qui transforme sa douleur en puissance, et sa colère en lumière. » Lis ces phrases à haute voix. Laisse leur vibration s'ancrer en toi. Tu viens de traverser une des étapes les plus puissantes du voyage : celle de la reconnexion à ton feu sacré.

Message vibratoire de l'œuvre

Connexion primordiale
Avant les mots, il y avait les sensations.
Cette œuvre te parle un langage ancien, brut, essentiel.
Pose ta main sur ton ventre. Sens.
C'est là que la sagesse commence.

CHAPITRE 5 :
PENSER AUTREMENT
C'EST RENAITRE

Pendant très longtemps, je n'ai pas réalisé que mes pensées n'étaient pas vraiment les miennes. Je croyais avoir des opinions bien à moi, des certitudes solides, des valeurs profondément ancrées. Mais en creusant un peu, puis beaucoup – je me suis rendu compte que tout cela venait d'ailleurs. Ce que je pensais être « moi », ce que je nommais « mes pensées », n'était en réalité qu'un assemblage de phrases entendues, de règles imposées, de vérités familiales et sociétales que je n'avais jamais osé remettre en question. Mais alors, où étais-je dans tout ça ? Quand je repense aux conversations que je pouvais avoir – sur des sujets politiques, sociaux, moraux, ou même très personnels – je comprends aujourd'hui que mes opinions étaient calquées sur ce que j'avais entendu à la maison. Je les reproduisais machinalement. Ce conditionnement était tellement ancré en moi, que je n'en avais pas conscience.

J'aime beaucoup cette histoire – dont je ne sais plus trop l'origine – qui illustre bien ce que j'ai vécu : place huit hommes autour d'un éléphant et demande-leur de te dire ce qu'ils voient. Chacun exprimera ce qu'il voit depuis sa réalité, son propre prisme. Tu auras huit versions différentes. Et bien moi, ma vérité venait uniquement de l'endroit où j'avais grandi. Aujourd'hui, je le dis avec clarté et apaisement : mes parents ont fait du mieux qu'ils pouvaient avec ce qu'ils avaient reçu eux-mêmes. Je suis en paix avec ça. Je tiens à le préciser ici et maintenant, à la fois pour toi, chère lectrice, et pour ma famille qui pourrait lire ces lignes. Et si tout ce je crois être vrai ne vient pas vraiment de moi, qui suis-je alors ?

Il y a eu cette période où je pensais avoir des opinions tranchées sur plein de sujets. J'étais convaincue que c'était « bien » ou « mal », « acceptable » ou « inadmissible ». Avec le recul, je réalise que ces idées n'étaient pas vraiment les miennes. C'étaient celles de mes parents, de mon entourage, de mon environnement familial et sociétal. Je les avais absorbées sans même m'en rendre compte. C'était un conditionnement pernicieux : je pensais réfléchir par moi-même, alors qu'en réalité je ne faisais que réciter des mots appris depuis l'enfance.

C'est bien plus tard que j'ai commencé à percevoir et comprendre que, dans certaines conversations ou situations, ce n'était pas moi qui parlais, mais la voix de mes parents. Bon, soyons honnêtes : surtout dans celle de ma maman (et d'ailleurs, maman, je t'aime). Je pouvais être en train d'échanger avec des amis, de la famille ou des connaissances, et d'un coup, cette phrase sortait toute seule, familière, presque automatique. *Incroyable* ! Et ce n'est pas parce que je me surprenais à les dire que j'en prenais conscience sur le moment. Au contraire. J'y croyais dur comme fer. Pour moi, c'étaient *mes* pensées. Je les défendais bec et ongles, une vraie lionne.

Le plus sournois dans le conditionnement, c'est qu'on ne sait même pas qu'on est conditionnée. Et ce n'était pas que dans les conversations. C'était partout. Dans la façon dont je percevais la vie, dans mes choix, dans mes jugements. Comme si j'avais grandi avec un script déjà écrit dans ma tête, et que mon seul rôle était de le suivre, sans ne jamais le questionner ni le remettre en cause.

Alors, pour que tu comprennes un peu mieux le contexte dans lequel j'ai grandi et évolué, voici une version raccourcie de l'histoire de mes parents. Ils sont nés pendant la Seconde Guerre mondiale. Mon papa a 86 ans cette année 2025 et ma petite maman a rejoint les étoiles le 3 septembre 2019. Ma maman était l'aînée d'une sœur. Ils vivaient dans le Nord. Leur maman, ma grand-mère, s'est retrouvée veuve à même pas 40 ans avec deux petites filles loin d'être autonomes. Ma maman, ayant de gros soucis de santé, a dû quitter le Nord pour aller dans le Sud de la France, suivre une cure thermale pour sa bronchite chronique. Elle s'est alors retrouvée en pension dans une famille d'accueil qu'elle ne connaissait pas, dans une ville qu'elle ne connaissait pas. Puis, ma grand-mère a fini par la rejoindre. Elle a ouvert une boulangerie, et a fait de ma mère, encore adolescente, la responsable des ventes.

Mon papa, lui, est le quatrième d'une famille de huit enfants. Il a grandi avec un père ouvrier souvent absent, et une maman qui gérait la maison, la logistique et les enfants, tout en perdant la vue à cause d'un handicap. Autrement dit, mes parents ont été élevés à la dure. Après la guerre, ils sont jeunes, ils ont eu leurs propres épreuves, traumatismes, ont reçu une éducation à l'ancienne, où l'enfant n'avait pas bien l'occasion de s'exprimer.

Moi, petite Irène, enfant des années 1970, je reçois une éducation que je nomme « entre deux ». Mes parents, eux, sont de ces générations où l'éducation était dans son extrême, il faut le dire très dur, et, comme je le dis, où l'enfant n'avait pas son mot à dire et craignait les adultes. Ce n'était plus aussi dur que mes parents, la Seconde Guerre mondiale était loin (si on peut dire), et la condition de l'enfant était un peu plus considérée. Génération Dolto, vous voyez. Les premiers ouvrages sur « comment éduquer » son enfant (que c'est vilain ce mot, je préfère : « élever ») faisaient leur apparition. Les parents faisaient de leur mieux. Mes parents avaient des principes, des valeurs, des croyances, des craintes, et des peurs comme tout un chacun.

Quand je suis née prématurée, mes parents ont bien failli me perdre. Je ne m'en souviens pas, *hein on est d'accord*, c'est ce qu'ils m'ont raconté, c'est quand même marqué sur le carnet de santé. Je faisais de la bronchite asthmatiforme. J'ai été hospitalisée. Ma maman est rentrée seule à la maison. Ce moment a été un traumatisme immense pour eux. Leur bébé souffrait, et ils étaient impuissants. Alors, en grandissant, leur seule priorité a été de me protéger à tout prix. J'étais leur poupée en sucre qu'il ne fallait pas briser.

C'est dans ce contexte que j'ai grandi. Fille unique. Aimée, choyée, et en même temps surprotégée. Et je crois que la meilleure anecdote pour illustrer cela, c'est cette phrase culte de mon cher papounet : « Attention, tu vas tomber ! » Une phrase qui revenait comme un disque rayé, une alerte permanente qui sonnait à chaque pas que je faisais, à chaque mouvement un peu trop audacieux à leur goût. À force de l'entendre, je crois que j'ai fini par l'intégrer comme une vérité absolue : si j'osais trop, je finirais par tomber. Et si, finalement, ce n'était pas la chute qui était inévitable, mais la peur irrationnelle qu'elle m'inspirait peu à peu ?

Mais tomber, ce n'était pas juste s'écorcher les genoux ou se cogner le front. Tomber, c'était échouer, c'était décevoir, prouver que j'avais eu tort d'essayer et qu'ils avaient vu juste. Alors j'ai appris à avancer prudemment, à peser chaque geste, chaque mot, chaque pensée. Pas seulement avec mon corps, mais avec mon esprit aussi. Très vite, cette prudence est devenue ma manière d'être.

Ne pas trop parler. Ne pas trop déranger. Ne pas trop questionner. Ne pas trop penser différemment. Ne pas trop être différente tout court alors qu'à l'intérieur je me voyais comme une extraterrestre. À force d'entendre « Attention, tu vas tomber ! », j'ai fini par marcher sur la pointe des pieds dans ma propre tête, comme une funambule. Chaque idée nouvelle, chaque intuition était soumise à un contrôle poussé de sécurité interne : Est-ce que c'est correct ? Est-ce que c'est raisonnable ? Est-ce que ça va plaire ? Et souvent, la réponse était non. Alors, je me taisais.

Je préférais écouter les autres et répéter ce qui semblait être une réponse acceptée. En classe, quand on demandait un avis, j'attendais que quelqu'un d'autre parle en premier. Trop peur de dire une bêtise. Trop peur de me tromper. Comme si penser par moi-même, c'était risquer une chute irréversible et me perdre dans les méandres d'un océan de doutes, où chaque pensée en chassait une autre avant même que j'aie le temps de l'attraper. Je flottais entre hésitations et peurs, incapable de choisir une direction sans craindre de couler. Et cette peur d'avoir tort, ce besoin d'éviter l'erreur à tout prix a laissé une empreinte bien plus profonde que je ne l'imaginais. Parce qu'à force d'avoir peur de tomber, j'ai fini par ne plus savoir quel chemin emprunter. Et c'est là que le doute a commencé à prendre toute la place.

Le problème, c'est qu'à force d'adopter les opinions des autres, je ne savais plus ce que moi je pensais. Tout était flou, nébuleux. Devais-je aimer ou détester ça ? Trouver cela bien ou mal ? Être d'accord ou en désaccord ? J'attendais qu'on me dise quoi penser, comme si mes propres idées n'avaient aucune légitimité. Et quand on ne sait plus où donner de la tête, quand chaque pensée semble glissante, incertaine, on finit par chercher une autre boussole afin de pouvoir naviguer sur cet océan de doute. Ma boussole à moi, c'était les autres. *Ouah !* Les autres allaient pouvoir me guider, et moi, je n'aurais plus qu'à me laisser porter.

Zéro prise de risque. Leurs avis, leurs jugements, devenaient ma vérité. Je n'étais plus qu'un reflet, le miroir de ce qu'ils pensaient, incapable d'affirmer ce qui venait réellement de moi.

Alors, comment fait-on quand on ne sait pas penser par soi-même ? On se raccroche aux pensées des autres, comme à des bouées en pleine mer. On attend un signe, une validation, une approbation. Moi, je ne me fiais pas à mon ressenti, je guettais les réactions extérieures de chaque individu que je côtoyais. Un sourire, un hochement de tête, un « C'est bien Irène. », tout suffisait à orienter pensées et opinions. Comme si mes propres idées ne pouvaient exister qu'une fois validées par quelqu'un d'autre.

La scène la plus parlante pour illustrer ça, c'est lorsqu'adolescente, je devais prendre la plume pour écrire une rédaction ou, plus tard, jeune adulte, une lettre administrative. J'allais vers maman, fière comme Artaban, brouillon en main, je lui tendais mon chef-d'œuvre. Puis, une fois sa lecture faite, je la voyais raturer, reformuler, me dire des « non là, ça ne se dit pas comme ça », des « tu pourrais... », des « Irène enfin ton orthographe, fais attention. »

Et là, je me liquéfiais sur place. Je me haïssais, détestais ce moment, cette vie, et me demandais pourquoi je lui avais montré. Elle va tout réécrire et au final, ce ne sera pas mon texte. J'étais en colère contre moi, puis contre elle. Pourquoi toujours tout reprendre, pourquoi ne pas me dire que c'était déjà bien ?

Je partais recopier sans même savoir ce que j'écrivais. Les mots alors se mettaient à danser sous mes doigts, mais cette fois, c'était une chorégraphie dirigée par une autre : Madame Dyslexie. Les larmes venaient diluer l'encre de cette danse dans l'océan de doutes. Le transformant en de grandes vagues exacerbées par le vent et la tempête sans nom qui arrivait.

Je me suis rendu compte que je n'avais pas de mots à moi. Pas d'opinions propres. Pas de *safe place* où je pouvais affirmer ce que je pensais, ce que je ressentais ou ce que je voulais vraiment. Alors, j'ai commencé à chercher à exister autrement. À ressentir par moi-même. À vibrer, m'affranchir de cette « emprise » qui me maintenait dans une cage invisible. Mais comment fait-on quand on n'a pas eu de mode d'emploi pour apprendre à s'écouter ? Quand on a toujours fonctionné au prisme du regard des autres ? À défaut de me connaître, j'ai testé. À défaut de me comprendre, j'ai exploré. À défaut de trouver un équilibre, j'ai basculé. Oui, parce que quand on étouffe trop longtemps, tout comme lorsque je suis née, ma respiration n'était pas autonome, là le premier souffle que je reprenais après chaque apnée était souvent brutal. J'avais accumulé des années de silence, de conformisme, d'inhibition, de doutes. J'étais un barrage sur le point de céder et que personne ne voyait. Et quand les digues cèdent, ce n'est pas juste un petit filet d'eau qui s'écoule, c'est un torrent vrombissant qui emporte tout sur son passage.

J'ai cru que la liberté, c'était tout faire valser, c'était repousser toutes les limites. Je ne voulais plus être la fille sage et qui ne fait pas de vagues. Alors, j'ai cherché les sensations fortes à l'intérieur de moi, celles qui n'allaient pas se voir depuis l'extérieur et qui pourtant allaient me faire vivre des expériences intenses, profondes, dangereuses, me faisant visiter les abysses. Je voulais me prouver que j'étais capable d'exister sans demander la permission, sans attendre qu'on me dise comment faire, quoi penser, quoi ressentir. Sauf que cette liberté que je pensais conquérir n'en était pas une. C'était une fuite. Une errance déguisée en rébellion. Une façon de combler ce vide sidéral intérieur que je ne savais pas encore nommer. Et cette fuite a pris bien des formes et a duré une éternité.

Alchimie du chapitre 5 – Ma voix VS leurs voix

Tu es en train de franchir une frontière invisible. Jusqu'ici, tu avançais dans le connu : les croyances familiales, les modèles hérités, les rôles qu'on t'a donnés. Mais ce chapitre vient te tendre un miroir différent. Il ne reflète pas ce que tu as été, mais ce que tu deviens. Tu arrives à l'étape où l'on franchit le seuil. Le seuil de soi. Ce passage entre l'Ancien Monde et le nouveau. C'est là que beaucoup abandonnent. Toi, tu restes. Tu respires. Et tu entres. Tu entres dans ta voix. Et tu vas découvrir qu'elle est peut-être bien plus puissante, bien plus subtile, bien plus vibrante que tout ce qu'on t'a appris à dire jusqu'ici.

⊘ Étape du Voyage : Franchir le seuil

Franchir le seuil, c'est le passage clé. Tu quittes les repères anciens pour explorer ton monde intérieur. Tu oses poser un pied en dehors des scripts qu'on t'a donnés. À ce stade du voyage, tu prends conscience que les voix qui résonnent en toi ne sont pas toujours les tiennes. Et tu sens, peut-être confusément, qu'il est temps d'écouter autre chose. Ta propre voix. Celle qu'on a peut-être étouffée, niée, mais qui n'a jamais disparu. C'est ici que tu choisis de te retourner vers toi, pour discerner, trier, et commencer à parler depuis ton centre.

Intention : Identifier ce qui t'appartient vraiment dans ta façon de penser, de parler, de croire. Recontacter ta voix intérieure et commencer à t'exprimer depuis cet espace-là.

🧘 Chakra à activer : Chakra de la gorge

C'est le chakra de la communication, de l'expression authentique, de la vérité. C'est ici que tu vas réapprendre à parler, non pour plaire, mais pour être entière. Un chakra bloqué ici, et c'est la boule dans la gorge assurée, les mots qu'on ravale, les silences qui étouffent.

🪶 Couleur vibratoire : Cyan, bleu clair

Le bleu clair vient dénouer les nœuds, délier les mots, assouplir les cordes vocales de l'âme. Tu peux le porter, le peindre, l'imaginer en lumière fluide autour de ta gorge. Il te relie à ton expression libre.

🜂 Astrologie symbolique : Mercure

Mercure est la planète des mots, du lien entre l'intérieur et l'extérieur. Elle te guide ici à écouter ce qui se dit en toi, à faire le tri entre ce qui vient de toi et ce que tu répètes par habitude. Mercure t'invite à parler depuis ton centre.

∞ Application méthode A.R.C. et Libère

A – Accueille ce qui bloque : Quand je m'exprime, j'entends parfois une voix en moi qui ne m'appartient pas.

R – Ressens dans le corps : Que se passe-t-il dans ma gorge, ma poitrine, mon ventre quand je pense à dire ce que je pense vraiment ?

C – Change, crée pour transformer : Je choisis une image, un mot, un geste qui symbolise ma voix retrouvée. Je peux mimer ce geste, le dessiner, l'écrire.

✍ Écriture introspective

Ici, je t'invite à descendre encore un peu plus bas, là où résonnent les mots qu'on n'a jamais osé dire. Ceux qu'on a ravalés. Ceux qu'on a dits pour faire plaisir, pour ne pas déranger, pour se conformer. Écris comme on respire après un trop long silence. Écris sans chercher la beauté ou la logique. Écris comme une reconnexion. C'est ton espace de parole sacrée :

1 – Quelles sont les phrases que tu répètes encore aujourd'hui, mais qui ne sont pas les tiennes ?

2 – De qui viennent-elles ? Quelle voix reconnais-tu derrière ?

3 – Qu'est-ce que toi tu crois, ressens, veux dire vraiment ?

4 – Si tu devais écrire une lettre depuis ta voix authentique, que dirait-elle aujourd'hui ?

🍃 Création intuitive : La Voix retrouvée

Ta voix ne se limite pas aux mots. Elle est énergie, vibration, mouvement : je t'invite à **créer un totem de ta voix retrouvée**. Un objet, une œuvre, un symbole que tu vas façonner avec tes mains, et qui représentera ta voix libérée.

Matériel possible : Papiers, ciseaux, colle, feutres, peinture, tissu, fils, éléments naturels, bouts de journaux... ou ce que tu as sous la main.

Forme libre : Tu peux créer un collage, un bâton orné, une forme sculptée, un carnet-mémoire, un mandala... Laisse ta main choisir, laisse ton corps parler.

Commence par te poser cette question : « Si ma voix avait une forme, une matière, une couleur, une énergie, à quoi ressemblerait-elle ? » Puis laisse-toi guider. Sans chercher à bien faire. Sans viser l'esthétique. Crée un objet qui contient ton timbre, ton souffle, ta vibration unique. Quand tu auras terminé, donne-lui un nom. Et garde-le précieusement. Il sera là pour te rappeler que ta voix mérite d'exister, d'être entendue, d'être honorée.

🪨 Mini rituel d'ancrage

Chuchote ton nom 3 fois, à voix basse, en posant la main sur ta gorge. Puis dis une phrase courte et vraie, à haute voix. N'importe laquelle. Mais qu'elle vienne de toi. Ressens la vibration dans ton corps. Ressens que tu es entendue.

▬ Fragment de manifeste

Tu viens de faire un pas immense : celui de s'approprier ta voix. Maintenant, viens poser noir sur blanc cette nouvelle posture intérieure. Pas pour faire joli, mais pour te rappeler que ta parole a du poids. Ta voix compte. Voici quelques phrases pour t'inspirer. Tu peux les compléter, les transformer, ou en inventer d'autres : « Je me libère des voix qui ne sont pas les miennes. », « Je choisis de m'exprimer depuis ma vérité. », « Je suis la femme qui ose dire ce qu'elle pense, même si sa voix tremble. »

CHAPITRE 6 :
JE FUIS, DONC JE SUIS

Quand on passe une bonne partie de sa vie à se taire, à s'effacer, à ignorer comment interagir avec les autres ou comment prendre sa place, il arrive un moment où le corps, l'âme et l'esprit réclament autre chose. Ils veulent respirer, vibrer, exister. Mais quand on ne sait pas comment s'y prendre, on teste, on cherche des raccourcis. Des échappatoires. Des façons de ressentir quelque chose même si c'est dans l'excès, même si c'est dans le danger. Parce que tout, même l'extrême, vaut mieux que le néant.

Ce besoin d'exister m'a peu à peu conduite à des comportements à la limite du raisonnable. Cette colère, cette frustration n'arrivaient tout simplement plus à se contenir en moi. Il fallait que ça sorte, d'une manière ou d'une autre. Et quand ça sortait, ce n'était pas un choix. C'était comme une cocotte-minute, où la vapeur menace d'exploser si personne ne la relâche. C'était une pulsion, une fuite vers l'adrénaline, vers la recherche de sensations fortes, vers l'oubli. L'oubli de tout ce qui, en silence, alimente cette colère sourde. Quelle puissance ça me procurait ! Tout cela me donnait la sensation, l'illusion plutôt, d'être libre. Libre de m'exprimer sans trembler, sans me censurer. Et cette fois, ce n'était plus moi qui tremblais. C'étaient les autres.

Puisque je n'arrivais pas à dire ce que je pensais, ce que je ressentais, à poser des limites, à exprimer mes désirs, mes besoins profonds, j'ai, oui, cherché à compenser autrement. Pas forcément de la « bonne » manière, je te l'accorde... si tant est qu'il y ait une bonne manière, d'ailleurs ! Parce que des situations borderline, j'en ai connu un paquet. Des scènes un peu surréalistes, cocasses ou flippantes.

Comme je le disais en introduction de ce chapitre, je n'étais pas vraiment consciente de ce que je faisais lorsque la colère m'envahissait. Mais avec du recul, j'ose imaginer qu'une partie de moi savait très bien que je jouais avec le feu. Sauf que c'était plus fort que moi. Il y a eu ce moment incroyable, à la sortie d'un parking, où le passage de la barrière ne se faisait pas assez vite à mon goût. Alors, je klaxonne et klaxonne encore la voiture de devant, tout en gesticulant, m'énervant dans mon habitacle. Quand un grand bonhomme, taille NBA, se trouve droit à côté de ma portière. Il m'attrape par le col de mon vêtement et me regarde droit dans les yeux, l'air légèrement... contrarié : « Qu'est-ce qu'il y a ? Il y a un problème ? » Je peux te dire qu'à ce moment-là, j'ai cru qu'il allait m'en coller une. Et je n'en menais pas large. Je me suis vite calmée. Mon cœur battait si fort que j'avais l'impression qu'il allait sortir de ma poitrine. Je tremblais de tout mon corps et avais les mains moites et la gorge sèche. Ce n'était pas la première fois que mon corps me trahissait ainsi, pris dans une tempête d'émotions.

Je me souviens notamment de cette fois, dans la voiture, en plein différend avec mon futur mari – que je ne savais pas encore être mon futur mari, évidemment... Jeune couple, nous partions déjeuner chez ses parents. Le différend portait, je crois, sur le fait que je ne voulais pas y aller. J'ai alors menacé de sortir de la voiture qui roulait. Rassure-toi, on n'était pas à 80 kilomètre-heure, un stop au bout de la rue, nous en empêchait. Mais je l'ai fait. J'ai ouvert la portière. Il m'a rattrapée *in extremis*.

Et puis, encore une autre pépite. À l'époque où on avait emménagé dans notre première maison, 160 m² et quatre mètres de hauteur sous plafond, un grand garage. J'y avais installé mon entreprise Décorène dans l'atelier. Je pouvais ainsi accueillir toutes sortes de véhicules, même des cabines de semi-remorque. J'étais artisan en publicité peinte et adhésive. Je faisais de la publicité pour des entreprises, des artisans. Je marquais des véhicules très régulièrement.

Un jour, avec mon mari, nous discutions sur le trottoir avec un de mes clients. Au loin, j'aperçois une voiture, qui me semblait rouler à toute vitesse, trop vite pour cette rue résidentielle. Nous étions maintenant parents de notre premier, et de voir passer ces voitures si vite dans cette rue, m'agaçais à chaque fois. Et là, sans réfléchir, je me plante au milieu de la route et je fais des grands gestes, façon agent de circulation improvisé. Bien sûr, sans uniforme ni voiture à côté, il n'a pas ralenti. Mais moi, j'ai tapé fort sur son capot. Il a failli m'écraser le pied. Même pas peur. Même pas mal. Ma colère devait s'exprimer, coûte que coûte. Puis il y eut beaucoup d'autres pépites, mais tout raconter ici prendrait tout le livre. Ces piques énergétiques de colère me mettaient après dans un état de fatigue extrême. Tout ce qui s'était déchargé sur les autres ou sur des objets créait en moi un vide encore plus grand.

Seulement, on ne peut pas indéfiniment courir après des sensations pour combler un vide intérieur. Un jour ou l'autre, la fatigue s'installe. L'épuisement émotionnel nous rattrape. Et au lieu de se sentir vivante et libre, on s'effondre dans une prison invisible. Je ne crois pas avoir vu venir ce moment. Il est arrivé progressivement, insidieusement, jusqu'au jour où mon corps a dit stop. Toutes ces années à ne rien dire, à accumuler cette colère. Toutes ces années à exploser de colère. Je me détruisais à petit feu. C'était ma descente aux enfers. Perséphone allait rejoindre Hadès.

Cette accumulation m'a mené à un point de rupture total : fatigue intérieure extrême, aigrie, jamais satisfaite, jugeant, critiquant, râlant. J'étais perdue. Je ne voyais plus de sens à la vie. J'étais en détresse émotionnelle. Personne ne s'en rendait compte. Je portais notre deuxième enfant. Nous étions en 2008. Mais je poursuivais, je me maquillais pour effacer les sillons que mes larmes gravaient sur mon visage. Mon travail au départ me maintenait la tête hors de l'eau. Puis, petit à petit il est devenu un fardeau, comme ma vie. Mes clients. Je ne supportais plus mes clients avec leurs « C'est urgent, c'est pour après-demain. » Le moindre devis à faire me prenait trois semaines, je recevais des mails de relance. Je n'arrivais plus à réfléchir ni à penser. Je ne savais même plus fixer un prix pour des prestations basiques. Tout devenait compliqué, pénible, fastidieux. Mon esprit s'effondrait carrément. Mais personne ne le voyait. Et moi, ayant été élevée dans la croyance qu'il faut travailler dur pour y arriver, je ne m'écoutais pas. Chaque nuit, je pleurais en me disant que demain ce sera terminé. Chaque matin, je me levais en disant que ça va passer et que ça ira mieux demain.

À cela s'ajoutait, chaque matin, un déchirement total quand je laissais mon bébé chez la nourrice. Ça m'arrachait le cœur. Mais, il y avait une boîte à faire tourner. Alors, sur le chemin, je pleurais. Je rentrais dans mon atelier, je séchais mes larmes et me mettais sur mes travaux à réaliser et rendre. D'un côté, il y avait cette impossibilité à continuer. Plus rien n'avait de sens. Et, de l'autre, je continuais en me disant que j'étais une petite nature et qu'il y avait bien plus grave. *Va bosser!* Je voyais bien, ressentais bien quelque part en moi, que ces accès de colère n'étaient pas la solution, mais une manière inconsciente d'étouffer une douleur bien plus profonde.

À ce moment-là, je ne comprenais pas que je n'étais pas la seule à chercher une échappatoire. Certains fuient dans le travail, le sport, la nourriture, la drogue, le sexe, les relations toxiques. Moi, j'ai fui dans les excès de colère, dans le besoin d'exister à travers l'intensité. Peu importe le moyen choisi, la racine du problème reste la même : un vide intérieur qu'on ne sait pas comment combler. En prenant la fuite comme je le faisais, je perdais aussi ce que je pensais avoir acquis : la liberté.

C'était un leurre. Une illusion. Plus je cherchais à combler ce vide, plus je le creusais. On pense souvent qu'en trouvant un exutoire, on va aller mieux. *Bullshit.* En réalité, on ne fait que s'éloigner un peu plus de soi-même. À force d'éviter le « problème », on finit par lui donner encore plus de pouvoir sur nous. Il me dominait. J'étais son pantin. Je n'ai pas compris tout de suite que cette fuite ne pouvait pas être une solution à long terme. Au moment des crises de colère, je me disais « Ça y est, tu vis, tu t'exprimes. Tu oses enfin. » Mais à quel prix ? Chaque fois que l'adrénaline tombait, c'était le vide, le chaos en moi, la fatigue et une lassitude plus profonde encore. Je courais après quelque chose qui me perdait dans les abysses et qui m'éloignait toujours plus de qui j'étais réellement. Il fallait que je change. Mais je n'avais pas encore les clés pour le faire. J'avais clairement touché le fond de la piscine !

Je ne pouvais plus continuer ainsi ! Mon corps et mon esprit me lâchaient. Ma descente aux enfers pour rejoindre Hadès dura plus de quinze années. Avec deux années très intenses de 2008 à 2010. En 2010, alors que nous nous étions mariés, que j'avais deux beaux enfants, une maison, une entreprise, je tente de mettre fin à mes jours. Une alerte, pour signifier que ça ne va pas, que j'ai besoin d'aide. Je reçois une claque de mon mari – chéri, *I love you*, merci d'être toujours là – lorsqu'il prend conscience de mon geste qui aurait pu être fatal. Il me somme de me faire soigner ou bien il m'envoie à l'hôpital.

Comment fait-on quand on ne sait pas comment s'y prendre ? Quand on a toujours vécu en fonction des autres, de la validation extérieure, en poursuivant une illusion que l'on pense être la liberté et qui n'en est pas une ? Je n'avais pas la réponse. Mais ce jour-là, j'ai su que je devais la chercher. Je devais donner un coup de pied au fond de la piscine pour remonter. Et le premier pas vers soi commence toujours par une décision, un choix, un changement. Comme une nouvelle page d'un livre, un chapitre qui se termine et qu'on ose enfin tourner.

Alchimie du chapitre 6 – Ma roue des échappatoires

Tu avances maintenant vers une étape charnière : celle où l'on cesse de se mentir. Tu as commencé à regarder tes croyances, à ressentir ton corps, à entendre ta voix... et, soudain, il peut y avoir ce réflexe inconscient : fuir. Fuir l'inconfort, fuir la vérité, fuir l'appel. C'est normal. Nous avons tous des mécanismes pour éviter ce qui fait mal. Le mental se met en mode « survie » : on fuit dans le contrôle, dans le travail, dans le silence, dans l'humour, dans les dépendances.

⊘ Étape du Voyage

Dans le *Voyage du Héros*, cette étape correspond aux **« épreuves, alliés et ennemis »**. C'est le moment où les obstacles apparaissent sur la route. Mais certains ennemis sont à l'intérieur. Ils se déguisent en amis : ils veulent te protéger... mais t'éloignent de toi. Ici c'est une invitation à identifier ces masques, ces automatismes de fuite, pour en faire des alliés conscients. Parce que l'on ne peut pas se transformer sans regarder comment on se sabote. Et parce que tu mérites de ne plus t'abandonner au moindre inconfort. Tu entres dans la traversée. Ce n'est plus la préparation, c'est l'action. Tu rencontres sur ton chemin des épreuves intérieures : résistances, saboteurs, doutes. Mais à condition de les nommer, ils peuvent devenir des révélateurs.

🧘 Chakra à activer : Plexus solaire

Ce chakra, centre de la volonté, du pouvoir personnel, est aussi celui qui accueille **la peur de perdre le contrôle**. Lorsqu'on fuit, c'est souvent ce chakra qui se contracte. En le réactivant, tu reprends ton pouvoir. Tu redeviens l'actrice de tes choix.

Note importante : Si le chakra du plexus solaire revient souvent dans ce livre, c'est parce que **l'émotion de la colère** est un fil rouge de ce voyage. Et la colère mal exprimée ou refoulée s'ancre fréquemment ici, dans ce centre du feu intérieur.

Ce n'est pas une répétition, c'est une plongée plus profonde à chaque fois.

🖋 Couleur vibratoire : Jaune

Le jaune t'invite à la clarté mentale, à l'affirmation de soi. C'est la couleur qui éclaire les coins sombres des automatismes. Elle vient dissiper les brouillards du mental. Tu peux la porter, la peindre, la visualiser, ou l'inviter dans ta création.

🪐 Astrologie symbolique : Mars et Mercure

Mars te pousse à l'action alignée, il te demande : « Agis-tu depuis ton feu ou depuis ta peur ? ». Mercure t'invite à observer ton mental : quelles pensées te font fuir ? Les deux, ensemble, t'aident à identifier ce qui t'agite et ce qui te manipule intérieurement.

∞ Application méthode A.R.C. et Libère

A – Accueille ce qui bloque : Quelle est ma principale stratégie d'évitement quand je me sens en insécurité, ou que je touche une émotion désagréable ?

R – Ressens dans le corps : Quand je m'observe en train de fuir (par exemple en scrollant, mangeant sans faim, évitant une conversation...), qu'est-ce que je ressens dans mon corps ? Une tension ? Un vide ? Une agitation ?

C – Change, crée pour transformer : Représente cette échappatoire sous forme de symbole. Tu peux lui donner une forme, une matière, une couleur. Puis crée un talisman ou une image de transmutation : une ressource qui t'aide à rester avec toi dans ces moments-là.

✒ Écriture introspective

Ici, prends le temps d'écouter ce que ton mental te chuchote pour fuir. Écris sans filtre, sans contrôle. Tu ne seras pas jugée. C'est ton espace de vérité :

1 – Quand je ressens de l'inconfort, quelle est ma première réaction automatique ?

2 – Qu'est-ce que j'essaie d'éviter, inconsciemment, dans ces moments-là ?

3 – Quelle serait une nouvelle manière d'accueillir cette émotion sans fuir ?

🍃 Création intuitive : Ma roue des échappatoires

Tu vas maintenant représenter les mécanismes de fuite que tu as mis en place pour éviter la douleur, le vide, la confrontation, ou simplement l'inconfort. Ces échappatoires ne sont pas là pour te faire honte. Elles ont été des stratégies de survie. Tu les as construites avec ce que tu avais à l'époque. Aujourd'hui, il ne s'agit pas de les rejeter, mais de les regarder avec amour et clarté.

Matériel possible : Une grande feuille blanche, des feutres, crayons, ciseaux, colle, éléments découpés dans des magazines, mots clés, tissus... Tout ce qui te permet de représenter différentes « parties » de toi.

Forme suggérée : Une roue, un cercle divisé en plusieurs parties (comme une pizza ou un mandala), où chaque « part » représente un type d'échappatoire.

Commence par te poser cette question : Quand je ressens du vide ou une émotion forte, quelles sont les stratégies que je mets en place ? Ça peut être : scroller sur le téléphone, alimentation, excès d'activité, isolement, hypercontrôle, humour, victimisation, etc. Puis, dans chaque « part » de ta roue, représente cette stratégie : par une image, un mot, une couleur, un symbole. Laisse ton corps choisir, laisse ta main traduire. Au centre de la roue, dessine un espace vide. Ce vide, c'est toi, à nu, sans les échappatoires. Et si tu le souhaites, note une intention : « Je choisis de me rencontrer là où j'ai appris à fuir. » Quand tu auras terminé, prends un moment pour contempler cette roue. Tu peux y revenir. Elle va t'aider à reconnaître les moments où tu t'éloignes de toi, et surtout... à y revenir avec douceur.

🕯 Mini rituel d'ancrage : Regarder sans fuir

Allume une bougie et place-la devant toi. Regarde-la sans détourner le regard pendant une à deux minutes. Juste ça. Reste présente. Si tu sens des pensées, des jugements, des envies de bouger, observe-les. Ce feu, c'est le tien. Tu peux rester là. Tu peux rester avec toi. Tu peux dire à voix haute : « Je n'ai plus besoin de fuir. Je peux me rencontrer. Même ici. Même maintenant. »

▐ Fragment de manifeste

Choisis une de ces phrases ou écris la tienne : « J'accueille mes stratégies de survie avec douceur et je choisis de me rencontrer. », « Je n'ai plus à me fuir pour être aimée. », « Même quand j'ai peur, je reste avec moi. »

Message vibratoire de l'œuvre

Respectueuses relations
Les liens sacrés ne contrôlent pas, ils élèvent.
Cette œuvre est une invitation à honorer les connexions justes, douces, équilibrées.
À chaque regard posé, demande-toi :
Est-ce que cette relation m'honore ?

CHAPITRE 7 :
LE CHAOS FERTILE

Je ne savais pas encore que ce moment, celui où j'ai frôlé l'abîme, deviendrait un point de bascule. Une frontière entre celle que j'étais et celle que j'allais devenir. Quelque chose en moi criait que je ne pouvais plus continuer comme ça. C'était un cri sourd, un appel intérieur à renaître. Un sentiment de saturation. De ras-le-bol si profond. J'avais atteint un point où rester là où j'étais – géographiquement, émotionnellement, mentalement – devenait tout simplement impossible. Cette sensation d'être au bord du gouffre était devenue insupportable. J'en étais arrivée à un point où je détestais la ville qui m'avait vu naître. Je me faisais souvent la réflexion qu'ailleurs doit être mieux. Les psychologues de l'époque me répondaient qu'ici ou ailleurs, c'est avec moi qu'il faut me réconcilier. Partir devenait un besoin viscéral qui prenait de plus en plus de place.

J'étais aussi consciente que ça ne réglerait pas tout, mais je savais au plus profond de moi que ça contribuerait grandement à ma libération émotionnelle et mentale. Partir me permettrait de me reconstruire et de pouvoir enfin vivre ma vie de femme, de mère et d'épouse.

Puis, un jour d'août 2012, mon mari en pleine recherche d'emploi me propose de déménager dans le Lot. Il venait d'y voir une annonce intéressante d'une entreprise se situant dans le Lot. Je lui dis de postuler. Trois semaines plus tard, début septembre 2012, le voilà parti pour quatre mois. Tout est allé très vite.

Ce déménagement, ce n'était pas juste un changement d'adresse. C'était une traversée. Une tempête symbolique et bien réelle en moi. Un effondrement total avant la « renait-sens ». Treize jours avant de quitter la région, mon corps a lâché. J'ai été hospitalisée d'urgence alors que je faisais les cartons. *Carton rouge*. Repos forcé. Seule dans ma chambre d'hôpital. Pendant ce séjour, cette expérience que je n'oublierai pas : une EMI. Encore cette sensation de flotter, de quitter mon corps. Et ce message à la fois si clair, si puissant et si flou, dans ce tunnel d'un blanc si pur : « Transmets-leur. » Je ne savais pas encore ce que je devais transmettre, ni à qui. Mais j'avais compris que rien ne serait plus jamais comme avant.

Et en écrivant ces lignes, chère lectrice, je comprends. Tout prend sens. Même le mot « déménagement » est porteur de sens et vient danser sous mes yeux et mes doigts. « Déménagement » : des mots nagent, ment. À l'intérieur, tout bougeait. Les croyances, les repères, les histoires que je me racontais. Le déménagement c'était un déplacement intérieur aussi, un grand ménage extérieur et intérieur. À l'hôpital je laissais un organe malade, sali et noir de torpeur. Une vérité qui remonte, incachable. Ce déménagement était un véritable rite de passage. À la fois violent par cette EMI, vital par cette opération de la vésicule qui était à la limite de quelque chose de plus grave et viscéral par ce besoin d'être libre d'être et de penser.

Dans notre nouvelle région, j'ai respiré. Moi, le bébé qui s'étouffait à la naissance, et moi qui étouffais dans mon ancienne vie. Je respirais à pleins poumons ce lieu nouveau au milieu de la campagne. Je renaissais de mes cendres tel un phœnix. Certes il y avait tout à reconstruire : un cocon, des connaissances, des amis. Une vie quoi. Arriver dans une région inconnue aurait pu être source d'angoisse pour certain, pour moi ça été un véritable soulagement. Je ressentais les choses différemment. Tout était plus fluide, plus facile, plus simple. D'ailleurs j'ai même été rapidement en contact avec des associations qui m'ont donné l'opportunité d'enseigner le dessin. Et j'ai pu remonter une activité au bout de quelques semaines seulement. Je trouvais les gens plus accueillants, plus ouverts. J'avais l'impression que l'on me faisait confiance. Personne ne connaissait mon passé et j'avais cette sensation de ne plus avoir de boulet à la cheville. Je commençais, sans en avoir conscience, à m'éveiller et à m'ouvrir à quelque chose de beaucoup plus grand que moi.

Même si tout semblait meilleur, il fallait tout reconstruire. Les repères et habitudes étaient à réinventer. Après avoir vécu six mois dans une maison de location, à l'automne 2013, nous achetons notre maison à quelques kilomètres de là. Une maison arborée, dans un lotissement résidentiel avec la forêt accessible à pied. Lorsque je l'ai vu, j'ai su que c'était elle. Je n'avais même pas besoin de la visiter ! Je sentais que c'était ici que j'allais guérir physiquement, émotionnellement, mentalement. Corps, cœur, esprit.

Un jour, un livre est arrivé dans ma vie. Je me souviens tellement de ce moment. J'étais assise dehors au soleil, c'était le printemps 2015. Je débutais la lecture de ce livre magique, qui allait me reconnecter à moi et au temps. Tu sais, un de ces livres qui ne ressemblent en rien à ce que tu as pu lire avant. Pas un roman ni un guide pratique. Juste des mots simples, des temps de silence, des mots posés qui venaient frapper à la porte de mon âme. Ce livre c'était *Le Pouvoir du Moment Présent* d'Eckhart Tolle.

Pour être honnête avec toi, je ne sais plus trop comment il est arrivé dans mes mains. J'ai cette particularité, d'avoir une mémoire très sélective. J'ai certainement dû en entendre parler ou alors j'ai demandé à la librairie s'il existait un livre permettant de se ramener dans l'instant présent. J'aime à penser que c'est cela. Car oui, je sentais revenir en moi ce travers de n'être jamais connectée au moment présent. Soit j'étais dans le futur, à anticiper sur tout, douter avec des « et si », des « oui, mais », soit je ressassais le passé avec des « et pourquoi je n'ai pas fait ceci », des « pourquoi ça s'est passé ainsi » et des « si j'avais su ».

Au départ, ce livre m'a intrigué : des paragraphes courts, rythmés, ponctués d'un petit symbole qui invitait à s'arrêter, à respirer, à intégrer avant de poursuivre. Savoure, intègre, prends le temps. *Ouah !* J'aime autant te dire aussi que la dyslexique était ravie de voir des pages aérées. Ça évitait que les mots ne dansent de trop sous mes yeux à la lecture. J'ai poursuivi la lecture malgré un côté dubitatif. Cependant, assez rapidement, j'ai saisi la puissance de cet ouvrage. Je devrais dire : ce chef-d'œuvre. J'ai goûté pour la première fois, à l'instant présent. J'ai compris ce que ça voulait dire : être en présence. Pleinement. Totalement. J'ai eu comme une révélation : je venais de découvrir ce que j'appelle aujourd'hui la troisième dimension. Jusqu'ici, je vivais en 2D. Une ligne droite entre le passé que je ressassais, et le futur qui m'angoissait. Il manquait quelque chose au milieu. Un espace. Un temps. Le présent. Personne ne m'en avait parlé. Depuis le collège, depuis cette phrase du proviseur : « Elle n'y arrivera pas. » Quoi ? Je vais louper mon futur ? Ou quand on me disait : « Tu aurais pu faire mieux. » Quoi ? On ne peut pas

corriger le passé ? Mais qui m'a dit dans le présent : « Oui, tu y arrives. », « Oui, c'est bien. Et tu es capable de plus. »
Dire que personne ne me l'a jamais dit serait mentir. Mes parents ont déjà dû l'exprimer, mais tu sais... ma mémoire sélective ! Ou plutôt : c'était noyé dans la masse des autres injonctions. Issues de leurs propres peurs, de leurs projections, de leurs croyances. Et ça, mon corps s'en souvient. J'avais oublié le présent. Extrait du livre : « Faites de l'instant présent le point de mire principal de votre vie. Tandis qu'auparavant vous habitiez le temps et accordiez de petites visites à l'instant présent, faites du "maintenant" votre lieu de résidence principale et accordez de brèves visites au passé et au futur lorsque vous devez affronter les aspects pratiques de votre vie.[5] » Cette phrase m'a retournée. Elle est restée gravée dans ma tête comme un mantra. Je n'avais jamais envisagé la vie ainsi. Je fuyais le présent. On ne m'avait pas appris à le vivre tout simplement. Comme s'il n'avait rien d'intéressant à offrir. Mais, si, finalement, le « maintenant » devenait ma maison, mon cocon, où je pourrais enfin poser mes valises, déposer le poids du passé, cesser d'anticiper sur tout en boucle ? C'est là que le véritable tournant a débuté. Car ce n'est pas seulement ma façon de penser qui a changé, c'est toute ma manière d'habiter et d'être dans la vie. À partir de là j'ai commencé à chercher, apprendre, expérimenter. C'est comme si une porte s'était ouverte vers quelque chose de plus grand, plus vrai, plus libre. C'est ce qui m'a mené à mon déclic intérieur. Celui qui a tout changé. Et si je n'avais jamais été présente à moi-même ? Et si je pouvais faire autrement ?

Tout n'a pas changé du jour au lendemain. Ce livre n'a pas fait disparaître comme par magie mes peurs, mes doutes, ni ma colère. Mais il a semé une graine, une belle graine. Une graine de conscience. L'idée centrale du livre, qui est « Vous n'êtes pas vos pensées. », m'a particulièrement marquée. Elle a tout bousculé. *Moi*, celle qui s'identifie à ses pensées. Et si je n'étais pas ce mental qui tourne en boucle ? Et si une autre part de moi pouvait prendre le relais ? C'est ainsi que je me suis mise en mode observateur. J'ai appris à ne plus être dans le cercle infernal de

---

[5] Eckhart Tolle, *Le Pouvoir du moment présent*, J'ai Lu, 2010.

mes pensées. Je me suis élevée et mise en orbite pour les observer et voir ce qu'elles voulaient me montrer.

La méditation a été aussi un point central et révélateur pour me détacher de mes pensées. C'est avec Bruno Lallement[6] que j'ai commencé la méditation. Je suivais un de ses programmes où il explique comment entrer en méditation. Grâce à lui, j'ai appris à laisser passer mes pensées, ne pas chercher à les attraper. Comprendre cela a été le premier changement concret sur ce chemin de transformation.

Une curiosité, une soif d'apprendre, de me comprendre mieux, de libérer ce qui a à libérer s'est véritablement installée en moi. Je me suis mise à lire et lire des livres de développement personnel, m'inscrire à des formations. À pratiquer l'introspection. J'y avais mis le coude avec le livre d'Eckhart Tolle, j'y ai mis le corps entier après. Je suis une personne entière et intense, je ne fais rien à demi-mesure. Et surtout ça a été le début de la reconnexion à moi, douce, lente, silencieuse, invisible, mais bien réelle.

Ce n'était que le début. Quelque chose en moi avait bougé. Un retour en arrière n'était plus possible. Comme si une brèche s'était ouverte dans le mur des conditionnements que j'avais construit pendant toutes ces années. Pour la première fois, j'observais mes pensées, au lieu de me laisser embarquer dans leur douce folie et de m'y identifier. Je commençais à sentir qu'il y avait un « moi » derrière tout ça. Un espace. Un silence. Un souffle. Et plus j'apprenais à m'arrêter, à respirer, à revenir dans l'ici et le maintenant, plus je sentais que ce « moi » n'était pas une illusion, il existait vraiment et depuis toujours. Je découvrais que j'étais la vie, qu'elle circulait en moi. C'est là que la vraie connexion a commencé. Et avec elle, une évidence : je pouvais choisir. Dire « non » devenait possible, c'était un choix possible. M'écouter. Ne plus fuir. Ne plus plaire. Être tout simplement. Ce fut le début d'un voyage. Celui vers mon âme.

---

[6] Auteur, conférencier, enseignant en méditation.

Alchimie du chapitre 7 – Mon chaos intérieur

Tu es en plein cœur de la tempête. Cette étape du Voyage du Héros s'appelle la descente dans la caverne, la rencontre avec l'ombre. C'est là que tout ce qu'on a fui nous rattrape. Le vide, la confusion, le sentiment de perte de sens. Ce moment du chemin où l'on croit s'être perdu... mais où l'on commence en réalité à se retrouver. Ce chapitre t'a peut-être ramené à ton propre chaos. Mais souviens-toi : c'est dans le noir que germe la graine. Maintenant, entre dans l'alchimie du chapitre. Ici, il ne s'agit pas de tout comprendre ou de tout maîtriser. Il s'agit de ressentir. D'honorer l'inconfort. D'oser regarder ton chaos intérieur non plus comme un ennemi à faire taire, mais comme un espace fertile. Oui, ton chaos contient des clés. Il ne te détruit pas : il t'ouvre. Il n'est pas la fin : il est le passage.

⊘ Étape du Voyage : La Caverne

Dans cette étape, le héros traverse les ténèbres. Il fait face à ses peurs, ses illusions, ses ombres. C'est un passage initiatique nécessaire pour renaître autrement.

Intention : Accueillir le chaos comme un portail de transformation.

🧘 Chakra à activer : Chakra sacré

C'est ici que l'on ressent le flou, le vide, les oscillations intérieures. Le chakra sacré est celui des eaux intérieures, des mouvements émotionnels profonds. En l'activant, on accepte d'être traversée par ce qui nous bouleverse, sans s'y noyer. Les organes associés sont : bassin, utérus, ovaires, reins, vessie, intestins. Il est fréquemment relié à la tristesse, la solitude, ou l'impression de stagnation.

🍂 Couleur vibratoire : Orange

Cette couleur invite à la fluidité émotionnelle. Elle aide à traverser les vagues intérieures sans se rigidifier. Elle évoque la créativité brute, le mouvement, la gestation.

🪶 Astrologie symbolique : Scorpion et Planète Pluton

Le Scorpion est le signe de la descente dans les profondeurs, de la mort symbolique nécessaire pour la renaissance. Pluton gouverne ces processus alchimiques. Ici, il ne s'agit pas de comprendre, mais de se laisser transformer. D'oser mourir à ce qui n'est plus juste. De laisser l'ancien se consumer pour faire place au vivant.

∞ Application méthode A.R.C. et Libère

A – Accueille ce qui te bouleverse : un chaos présent, une situation où je ne comprends plus rien...

R – Ressens dans le corps : où est-ce que ça vibre, ça brûle ou ça se fige dans mon corps ?

C – Change, crée pour transformer : je pose un mot, une image, une métaphore qui pourrait contenir ce chaos sans le juger. Je fais de mon chaos un terrain d'exploration.

✍ Écriture introspective

Accueillir le chaos, c'est lui faire une place. Ici, tu peux te déposer sans filtre. Écris ce que tu ressens. Ce que tu ne comprends pas. Ce que tu n'arrives pas à nommer. Ton carnet peut tout entendre :

1 – Qu'est-ce que tu vis actuellement qui te semble chaotique, confus, instable ?

2 – Quelle peur se cache derrière ce chaos ?

3 – Si ton chaos avait une forme, une couleur, une voix... que te dirait-il ?

🌀 Création intuitive : Ma météo intérieure

Ta tempête mérite d'être vue, honorée, reconnue. Aujourd'hui, je t'invite à dessiner ta météo intérieure. Pas celle qu'on montre au monde, mais celle que tu vis réellement.

Matériel possible : Crayons, aquarelles, encres, papiers, collage, tissus...

Forme libre : Tu peux représenter ton chaos par des nuages, des vagues, des secousses, des lignes brouillonnes, des mots entrelacés... Laisse ta *main-tuition* te guider.

Commence par te poser cette question : Si mon chaos était une météo, à quoi ressemblerait-il aujourd'hui ? Puis crée. Sans attente de résultat. Crée pour te déposer, pour voir, pour accueillir. Une fois terminé, regarde ton œuvre, et note ce qu'elle te dit. Qu'est-ce que tu n'avais pas vu avant ?

🕯 Mini rituel d'ancrage : Éteindre pour mieux renaître

Prends une feuille noire ou un papier sombre. Note dessus un mot qui résume ton chaos actuel. Puis, avec un pinceau blanc, un feutre clair ou de la peinture dorée, dessine un symbole de renaissance : une étincelle, une graine, une lueur, un phénix, un soleil... Ce geste est un acte de foi. Une façon de dire : « Je suis dans le noir, mais j'ai foi en la lumière qui vient. » Pose ensuite cette feuille sur ton autel, dans un carnet ou accroche-la pour te souvenir que ce chaos est une matrice, pas une impasse.

📖 Fragment de manifeste

Écris ici un fragment qui ancre ton pouvoir de traverser le chaos sans te perdre : « Je me libère de la peur du chaos, et je choisis de lui faire confiance. », « Je m'autorise à ne pas comprendre tout de suite, mais à sentir pleinement. », « Je suis la femme qui renaît de son propre chaos. »

CHAPITRE 8 :
L'ANCRAGE INTERIEUR

Il y a des phrases qui ne vous quittent plus, une fois qu'elles ont franchi les portes de votre esprit : « Vous n'êtes pas vos pensées. » Celle-là, je l'ai lue, relue, entendue, répétée. Jusqu'à ce qu'elle fasse éclore quelque chose en moi : une envie de me rencontrer en vrai. Je ne comprenais pas encore toutes les subtilités de cette phrase. Mais je sentais cette phrase me fissurer. Pendant toutes ces années, mes pensées et mes jugements me collaient à la peau. J'étais comme prisonnière d'une voix intérieure qui n'était pas la mienne.

Pour la première fois, j'observais. J'écoutais. J'étais présente. Certes ce début de transformation n'était pas spectaculaire. Comme ma dépression, ça ne se voyait pas encore, mais c'était bien réel. C'était calme. C'était inconfortable aussi parfois. Mais profondément juste. Comme si mes cellules se réalignaient. Une partie de moi avait cessé de fuir. J'étais là. J'ai commencé à respirer et à voir la vie autrement.

Je ne savais pas que j'étais en train de poser les bases de mon nouveau moi. J'ai appris à faire quelque chose que je ne faisais jamais avant : m'arrêter. M'arrêter pour apprécier ce que je vivais vraiment. M'arrêter pour ressentir ce qui se passait dans mon corps, mes tripes, mon cœur. Cette boule au ventre, ce nœud dans la gorge, ce poids sur la poitrine. Avant, je les ignorais ou les fuyais tout simplement. Là j'ai commencé à les accueillir. Je ne savais pas encore que c'était la première porte vers une autre façon d'être. Je découvrais que je pouvais être autrement. Une version de moi qui accueille ce qui est là, qui ressent sans fuir, qui commence à transformer, doucement, mais sûrement.

Ce tout premier changement n'a pas été prodigieux, mais, pour moi c'était déjà beaucoup. Comme dirait Neil Armstrong : « C'est un petit pas pour l'homme, un pas de géant pour l'humanité. » Et bien là, pareil. Un petit pas pour moi, mais je t'assure un grand pas pour *mon* humanité. Alors, oui, un jour sans prévenir, c'est sorti. Un « non » simple. Calme. Posé. Ancré. Un vrai « non ». Et ce jour-là j'ai su qu'un truc avait bougé. Pas dans le monde extérieur, mais dans mon monde intérieur. Je suis d'accord que ce n'était pas une grande révolte. Ni un poing levé. Juste un « non ». Un « non » qui aurait été impossible à dire quelques années en arrière. Je me souviens très bien de ce moment. C'était un dimanche matin, on prenait le petit-déjeuner, une sortie tous ensemble était prévue. Mon mari préparait le pique-nique. Moi, je commençais à sentir mon cœur battre. J'aspirais à autre chose. Puis le cerveau a lancé son scénario habituel : « Allez, ça va c'est juste une sortie en famille. », « Si tu ne viens pas, ils vont mal le prendre. », « Puis tu es maman, tu te dois de sortir avec tes enfants et ton mari, ça ne se fait pas. » *Bla-bla-bla.*

Je regardais mon mari, joyeux de tout préparer pour cette journée ensemble. Et moi, je suais de cette lutte intérieure qui se jouait à nouveau en moi. Cependant, l'envie de rester fidèle à mon souhait du moment a, ce jour-là, été plus forte. J'ai accueilli ce qui se jouait à l'intérieur, j'ai observé en mode orbite ! Tu te souviens ? J'y ai vu le ridicule de cette scène digne d'un *show* humoristique. Une moi regardant son mari et n'osant pas dire que, finalement, elle préfère rester à la maison pour dessiner et peindre. Une moi face à son époux, se comportant comme si elle était devant ses parents n'osant pas demander de sortir avec ses amis. Tu te souviens de cela aussi ? Incroyable, mais vrai ! Alors, j'ai pris mon courage à deux mains. Aujourd'hui je dirais que je me suis ancrée. Puis je me suis exprimée. Rien d'agressif. Rien de brutal. Juste j'ai dit que j'étais désolée, que je n'avais pas envie de venir. Que j'avais envie d'être seule et de dessiner. Oui, j'adore être seule, une vraie ourse. Une journée rien que pour moi.

Cette perspective me mettait des paillettes dans le ventre. Malgré tout, j'avais le cœur qui tambourinait. Les mains moites. La gorge nouée. Mais j'avais *osé*. Rien ne s'est effondré. Mon mari m'a répondu avec bienveillance et amour : « Je le savais, Irène, ne t'inquiète pas. » À cet instant, j'ai réalisé que ce que je redoutais le plus n'existait *que* dans ma tête. Ce n'était pas le monde qui m'empêchait de dire non. C'était bel et bien moi.

Ce jour-là j'ai repris une petite partie de mon pouvoir intérieur.

Ouah ! Quelle reprise de pouvoir ! Même si, de l'extérieur, cela pouvait paraître anodin, à l'intérieur ça bougeait. J'ai éprouvé une sensation étrange. Difficile à décrire. Comme une libération. Un mélange de soulagement, de peur aussi, car j'avais osé dire ce que je ressentais au plus profond de moi. Que va-t-il se passer ? Mais par-dessus tout : j'étais fière de moi. Fière d'exprimer enfin mes besoins.

J'avais osé dire NON. Pas contre quelqu'un. Pour moi ! Je commençais à comprendre que dire non n'était pas perdre l'amour des autres. Au contraire. Dire non est une façon de m'en donner à moi en premier et de me choisir.

Pendant toutes ces années, j'avais remis mon pouvoir dans les mains des autres. On décidait et parlait à ma place. On me disait quoi faire et quoi penser. En fait, ce n'est pas les autres qui ont pris mon pouvoir, c'est moi qui les ai laissés le prendre. Et c'est toute la différence. Ce pouvoir était là depuis toujours. Depuis toujours j'avais cette possibilité de poser mes limites sans que le monde autour ne s'écroule. Je comprenais peu à peu que ma valeur ne dépendait pas du regard des autres. Que je pouvais enfin respirer librement. À partir du moment où tu commences à poser tes limites, à te choisir : s'exprimer devient plus aisé.

D'autres « non » sont arrivés. Fragiles. Parfois hésitants. Mais ils venaient à moi. Et ça, c'était déjà une victoire. Dire non, c'est savoir exprimer sa vérité. Dire non c'est entendre ce qu'il se passe à l'intérieur et le respecter. Dire non c'est se respecter. Dire non c'est se choisir. Dire non, c'est grandir. Je me défaisais peu à peu du rôle de la petite fille sage qui dit oui à tout, même lorsque ça disait non à l'intérieur. Oui, c'était instable, aléatoire et chaotique, mais c'était déjà une délivrance.

Pour la première fois, j'ai commencé à m'écouter. Pas pour faire plaisir, mais pour me conformer. Oser dire non, poser une limite, ne constituait pas juste un acte. C'était comme changer de peau, de regard sur moi, sur la vie, sur mes choix. Je venais sans le savoir de franchir un seuil invisible. Je ne m'en étais pas encore aperçue, mais à partir de ce moment-là, je ne pourrais plus vivre comme avant. Avant, je pensais que dire non était égoïste. Qu'il fallait être gentille, agréable, arrangeante. D'ailleurs, toute mon enfance et adolescence, j'ai souvent entendu : « Oh, Irène, qu'est-ce qu'elle est gentille, qu'est-ce qu'elle est sage ! Elle ne fait pas de bruit. » Oui, par peur du conflit, je m'éteignais. On ne m'entendait pas beaucoup. Surtout, ne pas prendre trop de place.

Je me rappelle un jour où ma tante, une des sœurs de mon papa chez qui je passais tous mes étés, m'a cherché dans toute la maison. Elle a regardé dans toutes les pièces de la maison. Elle commençait à s'inquiéter et à s'interroger sur ce qu'elle allait dire à ma mère en ne me trouvant pas. Puis à force de chercher, elle a fini par me trouver sous un lit dans une chambre en train de dormir.

J'étais sage oui. Cette attitude révélait un besoin prégnant d'être aimée. Peut-être était-ce en lien avec cette naissance où j'ai failli mourir et où je suis restée seule à l'hôpital alors que je n'avais que quelques jours. Mes cellules ont dû garder cet épisode en mémoire et pris cela comme un abandon.

Ah... la blessure de l'abandon. Qui ne la connaît pas ? Lève le doigt ! Je te vois toi qui lis ces lignes. D'ailleurs, je trouve intéressant l'approche de Lise Bourbeau dans son livre *Les 5 blessures qui empêchent d'être soi-même*. Elle y explique les cinq blessures fondamentales à l'origine de nos maux. Et pour la blessure de l'abandon, l'individu est amené à devenir dépendant. Au-delà de l'aspect physique que je ne développerai pas ici – un conseil, lis le livre – « Le dépendant croit qu'il ne peut arriver à rien tout seul et qu'il a besoin de quelqu'un d'autre pour le supporter.[7] » Le dépendant est aussi celui qui est le plus apte à se comporter en victime. Ah, qu'est-ce que j'ai bien su faire cela ! C'est une personne qui dramatise tout. J'en étais la reine. Maintenant je suis la *queen* du *mindset* puissant et libre.

Tout incident, même minime, je le transformais en une montagne impossible à franchir. En osant dire non, je sortais de cette dépendance affective. Plus j'apprenais à écouter, plus je voyais à quel point j'avais confondu gentillesse et sacrifice. J'ai réellement commencé à me dire : « Tu es capable d'avoir tes opinions, capable d'exprimer tes besoins, poser tes limites. » Et si j'avais le droit de me choisir enfin ? Et si poser des limites n'était pas un rejet de l'autre, mais une preuve de respect envers moi ? Cette idée m'aurait semblé impensable quelques mois, voire quelques années plus tôt. Mais là, elle me paraissait juste et claire comme de l'eau de roche !

---

[7] Lise Bourbeau, *Les 5 blessures de l'âme qui empêchent d'être soi-même*, Pocket, 2013, p. 66.

J'étais maintenant arrivée à un stade où ce que j'entendais à l'intérieur, ce que je ressentais dans mon corps, je ne pouvais plus l'ignorer. Au risque de me trahir encore une fois. En commençant à m'écouter, même timidement, mais sincèrement, pour la première fois, je me sentais comme reliée à quelque chose de plus grand et à autre chose que mes peurs et blessures. C'était comme si des portes s'ouvraient vers un infini de champs des possibles. J'avais l'impression de découvrir la vie. J'entrais en présence à soi. Tout n'était pas réglé et je sentais qu'il manquait une clé. Un miroir. Une photographie d'un instant T, pour comprendre qui j'étais profondément, au-delà des rôles, des masques, des croyances que je m'étais mis. C'est à ce moment-là que l'astrologie est rentrée dans ma vie. Sans le savoir j'étais sur le point de me découvrir comme jamais je ne l'avais fait.

Alchimie du chapitre 8 – Observer mon mental

Tu es entrée dans une nouvelle phase du voyage : celle où tu commences à voir. À observer. À prendre conscience de l'agitation qui t'habite sans t'y identifier. Dans le Voyage du Héros, c'est le moment où l'on touche à l'élixir, même si tout n'est pas encore résolu. C'est léger, subtil, puissant. Tu es en train d'apprendre que tu n'es pas tes pensées. Que tu peux les regarder sans t'y perdre. C'est une porte de libération immense. Car une fois que tu vois ton mental à l'œuvre, tu peux choisir de ne plus lui obéir aveuglément. Tu reprends ton pouvoir.

⊘ Étape du Voyage : L'élixir (intérieur)

C'est une étape délicate, mais puissante. Tu commences à ressentir les effets de ton cheminement. Tu as traversé plusieurs zones d'ombre, tu t'es rencontrée. Et maintenant, quelque chose s'ouvre en toi. Un nouvel espace de clarté. L'élixir ne résout pas tout, mais il t'éclaire.

Intention : Te reconnecter à ton essence en faisant le tri entre les voix intérieures. Reprendre le pouvoir d'observer, d'être présente, sans juger.

♁ Chakra à activer : le 6ᵉ chakra – Troisième œil

C'est le centre de la vision, de l'intuition et de la clarté mentale. Quand il est activé, tu vois au-delà des illusions et tu reconnectes à une perception plus fine de la réalité. Il apaise la tempête mentale.

✎ Couleur vibratoire : Indigo

L'indigo est la couleur de la conscience élargie, de la sagesse et de la connexion subtile. Porte-la, respire-la, imagine-la dans ton esprit comme une brume apaisante.

🪔 Astrologie symbolique : Neptune et la Vierge

Neptune pour l'accès au monde invisible, à la transcendance et à la dissolution des limites mentales. La Vierge, pour retrouver l'humilité de l'observation simple, le discernement, et la mise en ordre intérieure.

∞ Application méthode A.R.C. et Libère

A – Accueille ce qui bloque : Je reconnais une pensée obsessionnelle ou envahissante qui revient souvent.

R – Ressens dans le corps : Qu'est-ce que cette pensée provoque en moi physiquement ? Oppression, tension, lourdeur ?

C – Change, crée pour transformer : Je représente cette pensée sous forme d'image ou de mot, puis je la transforme en symbole plus doux, plus libre, plus juste.

✎ Écriture introspective

Ici, prends le temps d'observer ton mental avec douceur. Note tout ce qui vient, sans filtre, sans chercher à comprendre ou à analyser. Laisse juste sortir :

1 – Quelle pensée revient en boucle ces derniers jours ?

2 – Quelle peur ou quelle croyance se cache derrière elle ?

3 – Si tu pouvais décoller cette pensée de toi, et la poser sur une table, que dirais-tu d'elle ?

4 – Quelle est la vérité plus profonde qui existe au-delà de cette pensée ?

🍃 Création intuitive : La brume mentale

Ta vérité ne passe pas que par les mots. Laisse ici ton corps parler avec ce qu'il ressent. Je t'invite à représenter ta brume mentale et la manière dont tu choisis de la traverser. Imagine que tu peins ou dessines ton esprit quand il est encombré.

Matériel possible : encres, aquarelle, crayons, pastels, collage.

Forme libre : Utilise des formes floues, des superpositions, des couches pour exprimer la confusion.

Commence par te poser cette question : Si mon mental prenait une forme, une texture, une météo... à quoi ressemblerait-il aujourd'hui ? Puis crée un espace clair dans cette image : une ouverture, une ligne, une silhouette, une lumière. Cet espace est celui de ta conscience observatrice. Quand tu as terminé, donne un titre à ton œuvre. Et contemple-la comme une carte de ton paysage mental.

⬛ Mini rituel d'ancrage : le souffle observant

Assieds-toi confortablement. Ferme les yeux. Pose une main sur ton ventre. Inspire doucement par le nez, expire longuement par la bouche. Fais cela trois fois. Puis, à voix haute ou dans ta tête, répète : « Je vois mes pensées. Je les reconnais. Mais je ne suis pas elles. Je suis la conscience qui regarde. » Ressens l'écart entre tes pensées et toi. Savoure cette liberté nouvelle.

⬛ Fragment de manifeste

Pose ici les mots de ton engagement intérieur. Ils sont le fil d'or de ton nouveau regard sur toi : « Je me libère de la croyance que je dois croire tout ce que je pense. », « Je m'autorise à faire de la place entre ma conscience et mes pensées. », « Je suis la femme qui choisit d'être présente, même quand le mental s'agite. » Et si tu le souhaites, écris en grand cette phrase sur une feuille et colle-la dans ton carnet dédié : « Je ne suis pas mes pensées. Je suis la conscience qui les observe. »

CHAPITRE 9 :
MA BOUSSOLE INTERIEURE

Apprendre à dire non : *Check*.

Apprendre à m'écouter : *Check*.

Apprendre à poser mes limites : *Check*.

Au fond de moi, une autre question grandissait : « Qui suis-je vraiment ? » Avoir réussi à m'imposer plus, à prendre ma place, ne suffisait pas à répondre à cette interrogation. Et je me rendais compte que je ne me connaissais pas. Qui étais-je réellement ? Pas celle qui doit être sage, celle qui attend le bon moment, celle qui n'ose pas. Moi. Celle qui brûle là sous la surface, comme la lave d'un volcan. Celle que j'ai trop longtemps ignorée.

Je sentais un appel, je sentais que j'avais besoin de faire mon Voyage du Héros. Selon Joseph Campbell, dans son livre *Le Héros aux mille et un visages*[8] – au passage, mon livre de chevet que je te recommande – il y a trois chemins de vie que nous pouvons emprunter : le Village, le terrain vague et le Voyage. Je ne savais pas encore que j'avais déjà fait les deux premiers.

Le Village, c'est là où « nous agissons en fonction de ce que l'on attend de nous. C'est essentiellement le chemin de l'ego[9] ». Soit on s'y plaît, c'est confortable, soit on se sent étouffé, réprimé. Alors, pour Joseph Campbell, pour ces personnes-là, il y a deux autres voies possibles. Le Terrain vague, qui est le chemin du rebelle, de l'exclu, du marginal. Celui qui ne rentre pas dans les cases et les moules tout faits. Ce marginal emprunte bien souvent les voies de l'excès de toutes sortes. Puis, le chemin du Voyage. Ce voyage qui nous fait quitter notre connu, pour aller parcourir des contrées inconnues, qui vont nous mettre à l'épreuve. On va

---

[8] Joseph Campbell, *Le Héros aux mille et un visage*, J'ai Lu, 2013.

[9] Stephen Gilligan et Robert Dilts, *Le voyage du héros : un éveil à soi-même*, InterEditions, 2011.

y rencontrer nos guides, plonger dans nos profondeurs et guérir. Ce chemin va nous permettre de revenir au Village grandi, et porteur de nouvelles idées, de guérison pour les autres et de transformation.

Le moment était arrivé pour moi de vivre ce voyage intérieur.

L'astrologie ? Si on m'avait dit un jour que ce serait ma boussole et une partie de mon métier, j'aurais ri, je crois. Pourtant, c'est le cas. Doucement. Chuchotant. Un peu. Beaucoup. Passionnément.

Pour être honnête, j'étais une enfant connectée aux cosmos, aux étoiles, à la lune. D'ailleurs, combien de fois m'a-t-on dit : « Arrête d'être dans la lune, redescends sur Terre. » J'étais fascinée par ces étoiles et cette lune dans le ciel. De nombreuses fois avec ma tante (celle qui ne me trouvait pas, tu te souviens), nous restions les soirs d'été, allongées pendant des heures à regarder le ciel étoilé. Elle a beaucoup contribué à cette passion. *Merci tatie.* Peut-être me racontais-je des histoires, assise sur ma chaise d'écolière lorsque le monologue du professeur m'ennuyait profondément. Je m'occupais énergétiquement, et voyageais avec les étoiles.

Puis, finalement contrainte de rester dans le Village et de m'y conformer, j'ai vite oublié d'où je venais, comme chacun d'entre nous. Puis, dans mon tournant où je me suis intéressée au développement personnel et où j'ai beaucoup consommé de contenu ici et là, gratuit ou acheté, j'ai découvert Émilie Morel. Je me souviens, j'écoutais chaque vidéo qu'elle publiait. Pour la nouvelle lune, la pleine lune, les signes, tout y passait. Elle proposait – et propose toujours – sur son site, une formation pour devenir astrologue. Je sortais de ma certification d'art-thérapeute et je me disais que ça pourrait être pas mal. J'ai regardé le résumé de la formation pendant deux ans. Sans acheter. Je me racontais que c'était trop cher pour moi, ou que je n'allais pas être capable de suivre cette formation avec mes « troubles dyslexiques ». Des réminiscences de mon ancien moi avec ces conditionnements et croyances issues des injonctions de l'enfance.

Au printemps 2021, cela faisait deux ans que je portais le deuil de ma maman partie beaucoup trop tôt. S'en est suivi la Covid, et une perte d'autonomie de mon papa. Nous l'avons accueilli alors presque un trimestre à la maison, le temps de prendre la meilleure décision pour lui. Le jour de son départ avec mon mari, qui le ramenait chez lui à 400 kilomètres pour seulement 15 jours, le temps de récupérer ses dernières affaires et de dire au revoir à ses amis et à sa famille, je suis retombée sur cette formation d'astrologie. Là, la leader naissant en moi n'a pas attendu et s'est inscrite. Je précise que la formation était toujours au même prix, je n'avais pas plus d'argent et toujours mes troubles dyslexiques. Mais là je savais. Je savais que c'était pour moi et que c'était le bon moment. Je savais que c'était ce qui me manquait.

Je me suis alors plongée corps et âme dans cet enseignement d'Émilie Morel. Un long travail d'apprentissage m'attendait. L'astrologie est une langue à part entière. Il m'aura fallu deux années au lieu d'une pour assimiler, apprendre, intégrer, incarner et être diplômée de l'Académie d'astro-coaching.

Découvrir ma carte natale a été un moment fort. Une rencontre avec une amie qui a toujours été là et dont j'ignorais l'existence concrète. Une carte, comme une photographie de ma naissance. *Ouah, c'est beau*. On naît et déjà on est pris en photo. Incroyable. Une danse cosmique des signes et des planètes. C'est la fête là-haut tout le temps ! Une boule de billard venant swinguer et connecter avec le signe de chaque planète. Tout de suite on veut savoir où est sa lune, où est son soleil et quel est son ascendant. Ces éléments sont les trois piliers principaux. Mais, nous ne nous limitons pas qu'à ça. J'ai appris que oui, je suis Scorpion en solaire et lunaire, oui j'ai mon ascendant Bélier, mais je suis aussi, Balance, Gémeaux, Capricorne, Sagittaire... Nous sommes un combo de toutes les énergies des signes et des planètes présents sur notre carte natale.

En zoomant davantage, j'ai vu que mon signe de la Balance interagit avec des planètes aux énergies diamétralement opposées : Mars, Vénus, Pluton, Uranus. C'est pourquoi j'ai eu du mal à trouver cet équilibre, harmonie en moi et dans ma vie. J'ai compris la dualité qui se jouait en moi avec toutes ces forces contraires présentes dans un seul signe. J'ai compris pourquoi je n'arrivais pas à faire des choix éclairés. En continuant encore, j'ai remarqué que j'avais Saturne en Gémeaux, la planète, entre autres de la limitation – on est d'accord elle n'est pas que ça et c'est une planète que j'aime beaucoup – alors j'ai compris pourquoi il m'a été et m'est encore difficile de m'exprimer avec les mots, puisque le Gémeaux est par excellence le signe de la communication.

Enfin, l'une de mes meilleures découvertes et prises de conscience a été de découvrir le placement de Chiron, un astéroïde découvert entre les planètes Uranus et Saturne en 1977. Chiron, c'est le guérisseur qui est en nous. Chiron, c'est s'éveiller à la puissance que nous avons toutes pour affronter l'ombre et la souffrance en nous-mêmes. Le processus de Chiron est de « révéler la souffrance et montrer ce qui a besoin d'être libéré, abandonné et guéri ». Chiron en Bélier, dans mon thème, est venu éclairer une blessure bien plus profonde que je ne l'imaginais. C'est celle de l'affirmation de soi. De la légitimité d'exister. De prendre ma place. De dire : Je suis là. De m'exprimer tout simplement.

Tout s'est connecté. J'ai compris pourquoi, pendant des années, j'ai préféré me taire plutôt que de risquer de déranger. Pourquoi j'ai eu tant de mal à faire des choix, à poser des limites, à défendre mes besoins. Pourquoi je m'étais construite dans une posture d'adaptation constante. Survivre signifiait plaire, apaiser, éviter le conflit. C'était devenu un automatisme, *ma* norme. Mais à l'intérieur, ça criait. Le feu du Bélier, je l'avais éteint. Étouffé. Réprimé. Et ça m'avait coûté cher : perte d'élan, d'envie, de joie, de vérité. Découvrir Chiron en Bélier, c'était comme entendre une voix me dire : « Et si ta blessure était en réalité ton chemin de guérison pour les autres ? » Et là, j'ai vu. J'ai compris. J'ai compris que je pouvais guérir en osant être. En osant affirmer. En osant vivre. Et que ce chemin, je n'étais pas la seule à le traverser.

Combien d'autres femmes ont étouffé leur feu pour être aimées ? Pour ne pas déranger ? Chiron m'a appris que notre faille peut devenir une force. Douce. Consciente. Puissante.

Me connecter à mon thème astral, à cette danse unique entre les signes, les planètes et mes blessures, m'a permis de me retrouver. De me voir, enfin. De me comprendre. De me connaître. Et de m'aimer doucement. Mais tu sais ce qui n'est pas facile même quand on commence à se connaître et s'aimer ? La culpabilité. Celle de ne pas croire que ce n'est pas assez, ou trop. De ne pas se sentir à la hauteur. Celle d'avoir imposé des limites, dit non. Et c'est là qu'un autre chemin de guérison a débuté pour moi. Apprendre à ne plus culpabiliser, apprendre à me choisir, apprendre à être « égoïste ». Pas en blessant ou en fuyant l'autre, mais en m'honorant pleinement, sans me trahir. Et toi, à quand remonte la dernière fois où tu t'es choisie sans culpabilité ?

Alchimie du chapitre 9 – Ma boussole intérieure

Tu as traversé l'ombre, affronté tes démons, observé ton chaos. Et maintenant, quelque chose s'ouvre. Ce chapitre est celui de la reconnexion à ton centre, à ta profonde guidance. Pas celle qu'on t'a dictée. Celle qui émerge du dedans. Tu n'es plus perdue. Tu es en chemin vers toi.

⌀ Étape du Voyage : Rencontre avec la sagesse

Tu as traversé la tempête, affronté des parts de toi que tu fuyais peut-être. Et maintenant, dans cette traversée, tu accèdes à une guidance plus subtile. Celle de ton âme. C'est le moment où, dans le Voyage du Héros, on rencontre une forme de sagesse intérieure, un guide, une étoile. Tu réalises que tu n'as plus besoin de chercher à l'extérieur ce que tu portes en toi depuis toujours.

Intention : Te reconnecter à ton âme, à ta boussole intérieure. Retrouver ton cap personnel, celui qui ne dépend plus du regard, des attentes, des règles extérieurs.

♁ Chakra à activer : Chakra du cœur

C'est le centre de la reliance, de l'amour de soi, de l'écoute subtile. Le cœur est la passerelle entre le bas et le haut, entre l'ancrage et l'intuition. C'est là que se niche ta boussole la plus fidèle.

🍃 Couleur vibratoire : Vert

Le vert est la couleur du cœur et de la guérison douce. Il te recentre, t'apaise et t'aide à entendre les élans les plus justes de ton âme. Entoure-toi de cette couleur, dans la nature ou sur toi.

🌙 Astrologie symbolique : Lune et Sagittaire

La Lune pour l'écoute intérieure, les ressentis profonds et la mémoire du corps. Le Sagittaire pour la quête de vérité, l'expansion de conscience et la direction de l'âme. Ensemble, ils t'invitent à allier intuition et vision.

∞ Application méthode A.R.C. et Libère

A – Accueille ce qui bloque : Je remarque à quel moment je me sens perdue, éparpillée ou coupée de moi.

R – Ressens le corps : Où est-ce que je ressens ce manque de direction ? Est-ce un vide, une tension ?

C – Change, crée pour transformer : Dessine une boussole symbolique, ou une carte intérieure avec des points d'ancrage, pour retrouver ma direction.

✍ Écriture introspective

Ici, prends le temps de revenir vers toi. D'écouter ce que ta boussole intérieure murmure. Ne cherche pas à « bien faire », cherche à t'écouter profondément :

1 – Dans quelles situations de ta vie t'es-tu sentie perdue ces derniers temps ?

2 – Si tu avais un GPS de l'âme, où t'indiquerait-il d'aller maintenant ?

3 – Quelles sont les valeurs, les élans, les désirs qui te guident profondément ?

4 – Que te murmure ton intuition quand tu fais silence ?

🍃 Création intuitive

Tu vas créer ta propre boussole intérieure. Pas celle des cartes, mais celle qui sait. Celle qui t'appelle en silence. Celle qui vibre dans ton cœur quand tout paraît flou.

Matériel possible : Papier, crayons, peinture, collage, éléments naturels, tissus, symboles découpés dans des magazines... choisis ce qui te parle.

Forme possible : Un cercle divisé en quatre directions (ou plus, si tu veux), à la manière d'un mandala ou d'un cadran symbolique. Dans chaque direction, viens placer une valeur, une ressource intérieure, un désir profond ou une qualité d'âme. Tu peux aussi y mettre un élément naturel (terre, feu, eau, air), un archétype, un animal totem, une planète, une phrase mantra.

Commence par te poser cette question : « Si mon âme dessinait une carte, à quoi ressemblerait-elle ? » Puis, laisse-toi traverser. Laisse tes mains te montrer la voie. Souviens-toi : il n'y a rien à réussir ici. Ce que tu crées est un talisman personnel. Une carte sacrée. Une mémoire visuelle de ta profonde guidance. Garde-la dans un lieu précieux. Elle est ta boussole. Tu pourras y revenir chaque fois que tu te sentiras perdue.

⚐ Mini rituel d'ancrage : Marche intuitive

Sors marcher, sans but. Laisse ton corps te guider. Tourne à droite, à gauche, sans réfléchir. Marche en conscience. Et à un moment, demande-toi : « Qu'est-ce que mon âme veut me montrer ? » Observe. Ressens. Et remercie.

▪ Fragment de manifeste

Ce que tu écris ici est une promesse. Celle de te suivre, toi. De faire confiance à ta boussole : « Je me libère de la croyance que je dois chercher ma direction à l'extérieur. », « Je m'autorise à faire confiance à ma guidance intérieure. », « Je suis la femme qui suit le chemin de son âme, même quand il n'est pas balisé. » Et si tu veux ancrer cette promesse, écris-la sur un petit papier et garde-la dans ton portefeuille ou ton journal. Elle t'accompagnera partout.

Message vibratoire de l'œuvre

Vision céleste
Laisse cette œuvre t'ouvrir les yeux de l'âme.
Et si tu regardais plus haut ? Plus loin ?
Que vois-tu au-delà du visible ?
Ferme les yeux, respire, écoute...
Ta vision intérieure te murmure déjà la suite du chemin.

CHAPITRE 10 :
LA LETTRE DE NON-CULPABILITE

La culpabilité, c'est insidieux. Elle ne crie pas comme certaines émotions. Elle s'infiltre l'air de rien. Dans les silences. Les soupirs. Les accablements. Les « je devrais », les « j'aurai dû », les « c'est de ma faute », les « j'aurais pu le voir, y penser ». Elle est sournoise. Elle colle comme une sangsue. On la prend souvent pour de la conscience professionnelle. Pour de l'implication. Ça montre qu'on est investi ! Pour de l'amour. Ça prouve qu'on s'intéresse et tient à l'autre ! Pendant trop longtemps j'ai tout confondu. J'appelais « engagement » ou « dévouement », ce qui, en réalité, était de l'épuisement mental. Je pensais et croyais que donner plus, m'impliquer plus, m'effacer plus, trouver plus de solutions prouverait que j'étais à la hauteur et professionnelle. Seulement à force de vouloir trop bien faire, je me suis perdue. Ce que je n'avais pas compris à cette étape, c'est qu'on ne sauve personne. On ne fait que s'oublier à force de trop vouloir plaire aux autres.

En mai 2023, j'ai dit stop à cette énergie de « tu n'en fais pas assez », « tu aurais pu », « pourquoi tu n'arrives pas à la sortir de là ». Je m'en souviens comme si c'était hier : j'étais en plein accompagnement avec une cliente, une femme douce, touchante et profondément en quête de guérison et de transformation. Son passé était lourd. Fait de silences et de violences répétées. Et même si les mots étaient parfois difficiles à poser, son corps, lui, parlait. Mais au fil des séances, j'ai commencé à ressentir une densité, un poids. Quelque chose d'invisible, mais bien là. Une charge qui n'était pas la mienne et que, pourtant, je portais. Ce n'est pas qu'elle ne veut pas avancer. Elle m'a inconsciemment confié les clés de sa guérison et transformation. Entre chaque séance, rien ne bougeait vraiment. Elle restait enfermée dans une posture de victime dans laquelle je ne pouvais rien faire pour elle. J'écris ces mots avec une profonde bienveillance et sans jugement. C'est un constat.

Elle avait le droit d'en être là après tout avec son histoire et son vécu. Mais moi aussi, j'avais le droit de ne plus porter le processus pour deux. C'est là que j'ai compris quelque chose de fondamental : je ne peux pas vouloir à la place de l'autre. Et surtout, je ne suis pas responsable du résultat. Je ne suis pas une sauveuse. Comme ma cliente, j'étais dans le triangle de l'ego. Le triangle de Karpman : Victime, Bourreau, Sauveur. Et, cette attente qu'elle avait inconsciemment mise sur moi. Mon rôle était de la réparer, de la sortir de là. Je l'ai prise comme une injonction, une obligation de devoir y arriver à tout prix. J'ai endossé un rôle qui n'était pas le mien.

À chaque fin de séance, la culpabilité m'envahissait. Celle de ne pas réussir à l'aider, de ne pas être une bonne accompagnante. Lors de la préparation des séances, je remettais en cause ma méthode. Puis, j'ai dit *stop*. Ce n'était pas de l'abandon. J'étais à l'écoute de mes ressentis et de mes besoins. Je ne voulais plus retomber dans ces travers, qui, toute ma vie, m'avaient poussé à me plier aux attentes des autres sans respecter mes besoins et mes désirs. J'étais lucide.

Quand j'ai pris la décision de lui écrire ce mail pour lui expliquer mon choix, ce n'était pas un coup de tête. C'était mûrement réfléchi. Ce n'était pas non plus une fuite, c'était un engagement envers moi-même. C'était un choix profondément aligné et assumé. Inconfortable sur le moment, mais nécessaire. Je savais que je ne pouvais pas poursuivre. Parce que ce n'était pas juste. Ni pour elle. Ni pour moi. Alors j'ai respiré et je me suis connectée à mon être. J'ai choisi chaque mot avec soin. Des mots vrais. Pas pour me justifier ni pour m'excuser, mais pour poser ma vérité.

Pour la première fois, je n'ai pas laissé la peur de décevoir m'envahir trop longtemps et surtout m'empêcher d'agir. J'ai arrêté de me trahir. J'ai commencé à me respecter. Et ce jour-là, ce qui s'est réveillé aussi en moi n'était pas qu'un malaise passager. C'était une vieille empreinte. Une trace silencieuse laissée par toutes ces fois où on m'a fait croire que je n'y arriverai pas. Tu sais cette croyance qui te dit que, si tu n'y arrives pas, alors tu es en échec. Elle m'avait accompagnée de ma naissance jusqu'à cet accompagnement. Même là, me glissait à l'oreille que je n'étais pas à la hauteur. C'était différent en apparence, mais le fond était le même : me juger responsable de tout, me croire obligée de réussir à tout prix. Comme si mon rôle de guide m'imposait d'être infaillible. Comme si, si l'autre n'allait pas mieux, alors c'était de ma faute.

Qu'est-ce que la décision de mettre fin à cet accompagnement a changé ? Bien plus que ce que j'imaginais. J'ai assis ma posture, pris ma place, mon pouvoir. J'ai arrêté de confondre les termes « accompagner » et « sauver ».

Mon rôle n'est pas de porter l'autre, mais de marcher à ses côtés, de lui ouvrir la voie, et l'aider à s'éveiller, avec mes outils, mon intuition et ma présence. Je ne le fais pas à sa place. Je ne dis pas quoi faire. Je conseille. J'invite. Je propose. Je ne suis pas le moteur de la transformation. Ce moteur doit s'allumer depuis l'intérieur de la personne qui souhaite passer à l'action.

J'ai cessé de vouloir porter le monde sur mes épaules. Je ne suis pas une solution miracle. Je ne suis pas leur dernière chance non plus. Je suis juste une femme qui a décidé de faire de ses blessures, une force, et d'en faire un chemin pour les autres. Mais ce chemin, je ne le trace pas à leur place, mais avec eux. Je les accompagne.

En me détachant du rôle de la sauveuse, ma posture a changé. J'ai continué à avancer sur mon propre chemin, en me faisant moi-même accompagner. J'ai investi en moi, en m'entourant de différents coachs, accompagnants, mentors. En voici quelques-uns, pour ne citer qu'eux : Lionel Lacroix, Arnaud Riou, Yannick Vérité, Sophie Chague, Betty Rise, et, plus récemment, ma mentore qui m'aide à atteindre ma *next* identité, Olivia Victoria Sautereau.

J'ai appris – et apprends encore – à plonger plus profondément en moi, à m'explorer avec plus de conscience et de douceur. À faire de cette descente en moi un acte de création plutôt que de repli. J'ai appris à ralentir, à contempler, à laisser respirer les espaces en moi, là où il n'y a rien. Espaces que je cherchais jusque-là à combler, certainement dus à cette remarque souvent reçue dès que je ne faisais rien « Tu veux que je t'occupe ? » Je comprenais que l'Être était beaucoup plus important que le Faire. Je réalisais que, toute ma vie, j'avais couru après le Faire, croyant que c'était la clé. Mais en osant simplement être – présente, vraie, sans masque – tout a commencé à changer. Parce qu'en étant pleinement soi, on crée, on attire, on rayonne... sans s'épuiser.

Avec le recul, je me rends compte que ce que j'ai vécu avec cette cliente était une traversée intérieure. Une mise en pratique réelle et concrète de tout ce que j'avais intuitivement commencé à expérimenter depuis quelques années. Bien sûr, à l'époque, je n'aurais pas su mettre de mots sur ce que je vivais. Mais avec du recul, je comprends que c'était déjà un processus de transformation : j'observais ce qui se passait en moi quand quelque chose avait besoin d'être libéré, transmuté. Aujourd'hui, je peux voir à quel point ce processus a été une alchimie intérieure. Non visible, mais bien réelle. Une séquence précise, que je connais bien maintenant.

Ce que je vivais, ce que je traversais, m'a peu à peu donné naissance à une méthode. Une méthode intuitive, vivante, qui allait devenir un outil de transformation pour d'autres femmes à leur tour. Et, chère lectrice, lorsque j'écris ces lignes, je comprends le message reçu lors de mon EMI, ce « transmets-leur ». C'est cela, cette méthode que je m'applique à moi-même, que je nommerai quelque temps plus tard : A.R.C. et Libère.

A pour accueillir : Accueillir ce que je ressentais – la fatigue, la lourdeur, le doute, la culpabilité, l'envie de dire stop. Ne plus fuir, ne plus suradapter. Juste être honnête avec moi-même.

R pour Ressentir : Ressentir dans mon corps ce que cette situation venait me montrer. Ce que je portais ne m'appartenait pas. La tension dans ma poitrine, les nœuds dans le ventre, l'irritation dans ma gorge. Mon corps savait. Il criait « respecte-toi ». Les centres d'énergies impactés parlaient d'eux-mêmes.

C pour changer, transformer : Prendre une décision alignée, courageuse, lucide. Dire non. Mettre fin à l'accompagnement, non pas dans le rejet, mais dans le respect. Créer un espace juste, pour moi comme pour elle. Oser sortir de l'ancien schéma. Passer à l'action.

Ce processus m'a permis de libérer une mémoire ancienne : celle de devoir faire plus, d'être celle qui sauve, qui prend tout sur ses épaules. J'ai compris que je pouvais accompagner sans porter. Guider sans m'oublier. Écouter sans m'annuler. Ce jour-là, je n'ai pas seulement dit stop à un accompagnement. J'ai dit oui à moi. Oui à une nouvelle posture. Oui à ma souveraineté.

Dire oui à moi. Voilà, ce que j'étais en train d'apprendre, dans une autre sphère de ma vie. Non sans peine, sans tiraillement. Mais plus je posais mes limites, plus je respectais mes ressentis, plus quelque chose en moi grandissait. Et puis, il y avait ce regard, celui des autres. Mais au fond c'était le mien, qui autrefois m'écrasait, me terrifiait, me réduisait à néant, me faisait taire. Aujourd'hui, il est toujours là parfois, mais il ne dirige plus ma vie. Il me frôle parfois. Il ne m'arrête plus. À force d'avoir cherché la validation à l'extérieur, j'ai fini par la trouver à l'intérieur. Et c'est cette force-là qui me permet aujourd'hui de me montrer telle que je suis, de créer sans demander la permission et d'oser laisser éclater mes couleurs, même si ça questionne, détonne et même si et surtout si les passants dans la rue se retournent.

Alchimie du chapitre 10 – Lettre de non-culpabilité

Ce chapitre t'a peut-être bousculé. Il vient poser la loupe sur un poids qu'on porte toutes : la culpabilité. Celle d'en faire trop, pas assez. Celle de dire non. Celle de ne pas réussir à sauver l'autre. Culpabilité toxique. Culpabilité sourde. Culpabilité sociale. Ici, tu vas commencer à la regarder en face. À voir comment elle a infiltré ton rapport à toi, aux autres, à ton travail, à ta valeur.

⊘ Étape du Voyage : La grande épreuve

Tu es en pleine traversée. C'est l'étape où le héros se confronte à sa plus grande peur, à sa blessure centrale. Ici, tu es mise face à ton rapport au pouvoir, à la responsabilité, à l'autre. Tu réalises que, pour être libre, tu dois renoncer à sauver le monde entier. Tu dois revenir à toi.

Intention : Me libérer de la culpabilité toxique. Revenir à ma juste responsabilité. Déposer le manteau de sauveuse.

🧘 Chakra à activer : Chakra du cœur

Le chakra du cœur est celui de l'amour inconditionnel, mais aussi du juste amour : celui qu'on se donne à soi, celui qu'on offre sans se sacrifier. Il t'aide à poser les limites du cœur.

🍃 Couleur vibratoire : Vert doux ou rose poudré

Ces teintes viennent apaiser les tensions, adoucir le lien à soi. Elles ouvrent un espace de compassion sans auto-flagellation. Porte-les, respire-les, crée avec elles.

🔮 Astrologie symbolique : Neptune et Cancer

Neptune est la planète de la dissolution, du sacrifice, de la fusion. Elle est magnifique quand elle inspire, dangereuse quand elle fait oublier ses limites. Le Cancer, lui, te parle de protection, de mémoire émotionnelle, de mère intérieure. Ensemble, ils t'enseignent à offrir sans te perdre.

∞ Application méthode A.R.C. et Libère

A – Accueille ce qui bloque : Je reconnais où je me sens coupable de trop ou pas assez en faire.

R – Ressens dans le corps : Quelle est la sensation physique quand je pense à cette culpabilité ? Poids ? Serrement ? Oppression ?

C – Change, créé pour transformer : J'écris une lettre où je rends cette culpabilité à son origine. Une lettre libératrice. Une déclaration d'innocence.

✍ Écriture introspective

Ici tu peux mettre des mots sur ce poison invisible. Lâche-les « je devrais ». Pose-les « j'ai le droit de ». Écris pour reprendre ta place :

1 – Dans quelle sphère de ta vie ressens-tu le plus de culpabilité ?

2 – Quelle est la scène où tu t'es sentie la plus coupable sans en être vraiment responsable ?

3 – Qu'attendais-tu de toi dans cette situation ? Et si ce n'était pas à toi de porter cela ?

4 – Si tu pouvais écrire une lettre de décharge à ton enfant intérieur, que dirait-elle ?

🐚 Création intuitive : La cape rendue

Tu vas créer un symbole fort, celui de la cape de la sauveuse que tu décides aujourd'hui de rendre. Tu n'as plus à tout porter. Tu n'as plus à tout réparer. Ce n'est plus ton rôle.

Matériel possible : Feuilles, papiers colorés, tissus, journaux, fils, peinture, etc. Prends ce que tu as sous la main.

Forme possible : Dessine, découpe ou crée une cape symbolique. Tu peux y inscrire les mots, les rôles, les responsabilités que tu rends. Tu peux la déchirer, la brûler symboliquement, la transformer en autre chose.

Commence par te poser cette question : Qu'ai-je porté pendant trop longtemps qui ne m'appartenait pas ? Crée une représentation de ta libération. Tu peux aussi écrire ton nom dessus et barrer les phrases qui ne sont plus tiennes. Cette création est un acte d'engagement envers toi.

Mini rituel d'ancrage : Le dépôt sacral

Créé un petit autel ou un espace où tu vas symboliquement déposer ce que tu ne veux plus porter. Tu peux y placer ta création, une pierre, un papier, une photo. Prends une grande inspiration et dis à voix haute : « Je rends ce qui ne m'appartient pas. Je reprends ma place. Ma juste place. »

Fragment de manifeste

Voici quelques suggestions pour poursuivre ton manifeste : « Je me libère de la culpabilité qui m'étouffe et me diminue. », « Je m'autorise à poser mes limites sans honte. », « Je suis la femme qui rend la cape de sauveuse et qui choisit sa responsabilité juste. »

CHAPITRE 11 :
LE REGARD DES AUTRES

Pendant des années, j'ai cru que c'était le regard des autres qui m'empêchait d'être moi-même. Que c'était à cause d'eux que je n'osais pas. Aujourd'hui, je sais. Ce regard était le mien. On se glisse dans la tête des autres à essayer d'imaginer tout un tas de scénarios. On pense qu'ils nous jugent, qu'ils se moquent, critiquent. En réalité, on anticipe. On imagine. On projette. En réalité, ils sont bien trop préoccupés par leur propre vie, par leurs propres peurs. Ils ne voient même pas qu'on est en train de s'imaginer de ce qu'ils pensent de nous.

Le regard qui juge le plus, c'est bien le nôtre. J'étais mon propre bourreau. Je m'auto sabotais – entre nous, c'est toujours un peu le cas, sinon ça ne serait pas drôle – en imaginant le pire. Je guettais les signes de désapprobation de partout. Finalement, c'était moi qui me refusais le droit d'exister pleinement, avec tout ce temps passé à me juger. Si j'avais passé ma vie à me valider plutôt qu'à me juger, est-ce qu'elle ne serait pas radicalement différente ?

Et puis, un jour, je l'ai fait. Sans réfléchir, sans plan, sans filet. J'ai osé lire à voix haute sur la place publique, mon poème. Je me souviens, c'était pendant la période de la Covid. Mon âme hurlait de douleur par rapport à tout ce qui nous arrivait. Ma créativité à cette période se portait sur l'écriture de poèmes. Régulièrement nous nous réunissions avec quelques collègues d'aventure, sur la place publique, pour comprendre, pour discuter – avec véhémence parfois – pour partager, pour pleurer aussi et pour nous soutenir en silence sans mots. Et un jour, lors d'une de ces réunions, je savais. Je savais que j'allais lire un de mes poèmes.

J'en avais fait quelques photocopies qui ont été distribuées avec l'aide de mon mari. Avant de débuter la lecture de mon poème, j'ai été prise d'hésitations. Plusieurs sensations m'ont parcouru : j'ai eu un chaud-froid, peur d'être ridicule, qu'on se moque, qu'on n'y prête pas attention. Mon système était en train de se caler sur ce qu'il connaissait et, pour lui c'était dangereux. Une amie de fortune, me montre un plot en pierre, sur lequel monter, afin d'être visible de toutes et tous. *Ouah ! Moi faire ça ?* Non, non. Je préfère le lire, là, cacher derrière l'arbre, ça ira très bien. Puis, elle m'y a encouragé avec douceur et bienveillance. J'ai alors *accueilli* la peur, je l'ai *ressenti* dans mon corps et je l'ai *changé* en action pour *libérer*. Bien sûr qu'au fond de moi je voulais partager ce poème, je voulais que tout le monde connaisse ma douleur. Je suis montée et j'ai commencé à lire. Je vivais mon poème. On m'a écouté, on a applaudi, on m'a dit « Que c'est beau, merci Irène ! » Ce jour-là j'ai compris que je pouvais exister pour ce que je suis et sans demander la permission.

Je me suis exprimée.

Je crois que je peux dire que cette expérience m'a aidé dans ma propre créativité. Pendant longtemps, j'ai cru que la créativité avait besoin d'un cadre, ou de suivre des codes. Qu'il fallait qu'elle soit utile, jolie, rentable, approuvée. Aujourd'hui je sais que ma créativité est libre comme moi. Avant, elle était caractérisée par une très bonne technicité. Lors de mes différentes expositions entre mes 16 et 40 ans, j'ai prouvé que je savais maîtriser les différents médiums, tels que : stylo bille, mine de plomb, pastel, crayon de couleur. J'excellais dans le détail, dans le réalisme. Seulement, c'était souvent vide de créativité. Je reproduisais des photos, même si parfois je m'autorisais à faire des agencements avec plusieurs clichés, j'étais une bonne technicienne, selon moi.

Aujourd'hui je crée avec le cœur en étant connectée à mon être intérieur et à la source. Mes gestes dansent, et c'est souvent tout mon corps qui entre dans la création. Mes couleurs vibrent et rayonnent les unes avec les autres. Mes œuvres sont au-delà d'un coup de crayon posé, elles sont vibratoires, elles guérissent l'âme. Je ne crée plus pour avoir l'approbation. Je crée pour donner une âme à mon œuvre, le soin qu'elle peut apporter lorsqu'elle est regardée. Créer me reconnecte à mon feu sacré, à mon essence.

Longtemps j'ai porté des vêtements plus ou moins neutres. Je m'appliquais à être passe-partout, à ne surtout pas me faire remarquer, me fondre dans le décor. Être invisible. Aujourd'hui je veux qu'on me voie. Attention pas pour satisfaire mon ego, mais pour montrer au monde que ce n'est pas l'extérieur qui autorise, mais soi-même. Je veux inspirer. Je choisis la couleur. Je choisis la vie. Aujourd'hui je crois avoir moins de cinq vêtements en noir et je les porte que très occasionnellement. La couleur est omniprésente chez moi, et en moi. Dans mes vêtements, et aussi sur ma tête.

Mes cheveux c'est une longue histoire. Je me fais faire des couleurs depuis l'âge de 16 ans. Je les ai presque toutes faites : violine, violet, blond, platine, rose, rouge. Maintenant, ils sont teints en bleu. La couleur dit tout ce que notre bouche n'ose pas toujours dire. Elle est le miroir silencieux de nos états d'âme. Lorsque j'avais les cheveux rouges, c'était un rouge intense, flamboyant. C'était l'époque où la colère bouillonnait en moi. Une colère rentrée, refoulée, jamais exprimée. Je n'en avais pas conscience sur le moment, mais ce rouge, c'était un cri. Un cri sourd d'injustice, d'exigence, de feu intérieur. Aujourd'hui, mes cheveux sont bleus, bleu aurore boréale, même avec du vert, du rose. Un bleu profond, apaisant, qui reflète bien mieux l'état d'alignement dans lequel je suis : plus calme, plus à l'écoute, plus connectée à mon intuition.

Chaque couleur a un symbolisme, une connotation, une histoire à raconter, et chaque couleur sont en lien avec les sept chakras principaux. Et j'y suis très connectée. Les couleurs sont en lien avec ces chakras comme le rouge (chakra racine), symbole d'ancrage, de sécurité et de survie. C'est la base. L'orange (chakra sacré) évoque le désir, le plaisir, la sensualité et la créativité fluide. Le jaune (chakra du plexus solaire) évoque la confiance, le rayonnement, l'affirmation de soi. Le vert (chakra du cœur) représente l'amour, la compassion, la guérison. Le bleu (chakra de la gorge) est expression, communication, vérité. Le violet/indigo (chakra du troisième œil) symbolise notre intuition, vision intérieure, conscience. blanc/doré/violet (chakra coronal) invitent à la spiritualité, l'unité, la connexion divine. Pour les deux dernières, j'ai mis les variantes, car il y a plusieurs écoles. Tu peux comprendre que nos choix vestimentaires, nos couleurs de cheveux, notre décoration intérieure ne sont quelque part jamais anodins. Ils vibrent avec ce que nous vivons à l'intérieur. Alors, la prochaine fois que tu hésiteras entre une robe rouge ou une robe bleue, pose-toi ces questions : De quoi ai-je besoin aujourd'hui ? Qu'est-ce que je ressens à l'intérieur dans mes centres d'énergies ? Qu'est-ce qui a besoin d'avoir de la place aujourd'hui ? De me sentir en sécurité ? De m'exprimer ? La couleur peut être un soin. Un outil. Une clé.

Parce qu'au fond, il ne s'agit jamais juste d'un choix de robe. Il s'agit de toi. De comment tu veux te sentir. Être vue. Oser être vue. Oser être éventuellement pointé du doigt. C'est fou comme tout a changé, le jour où j'ai arrêté de croire que c'était grave, que ma vie en dépendait. J'ai cessé d'attendre qu'on me dise la validation d'autrui. J'agis, j'avance, parce que je sais que c'est aligné à l'intérieur. Lorsque la peur d'être incomprise diminue, ceux qui vibrent comme toi te reconnaîtront. Tu te surprends à faire des choses que jamais tu ne te serais cru capable et que tu aurais osé. Tu es plus spontanée, plus directe, plus franche, plus légère, plus vivante. J'ai appris en lâchant le fait de croire que les autres me jugeaient, m'observaient, que cette peur c'était moi qui me retenais d'exister pleinement, qui me limitais. C'était mon regard, façonné par des années de conditionnement, d'injonctions. Le jour où j'ai lu mon poème « Liberté, je t'aime » et que j'ai touché le cœur des auditeurs, j'ai senti une bascule. Celle de la liberté d'être. Parce qu'on ne peut pas être soi si on vit dans la peur constante de déplaire. Parce qu'on ne peut pas rayonner quand on cherche à correspondre. Et parce que, finalement, les autres... ils s'en foutent. C'est nous qu'on doit convaincre. C'est nous qu'on doit regarder avec amour. Se libérer du regard des autres, c'est se reconnecter à son essence. Et c'est là que tout commence.

Ainsi, me libérer du regard des autres était un pas de plus vers cette liberté chérie. Cependant, encore un pas encore plus grand m'attendait pour être franchi : me regarder moi, me voir, avec bienveillance, force et amour. Me reconnaître. Ne plus attendre qu'on me dise que je suis capable, que j'ai de la valeur, que j'ai le droit de rêver grand et d'avoir de l'ambition mégalo. Il était temps de reprendre ce pouvoir-là. Celui de croire en moi. D'oser marcher comme si tout était possible et déjà là. Parce qu'au fond : le feu vert, seule moi-même pouvais me le donner.

Alchimie du chapitre 11 – Mon regard, ma vérité

Tu y es. Tu as laissé tomber des couches. Tu as allégé le poids du regard extérieur. Et peu à peu, ton propre regard sur toi se transforme. Ce chapitre est une bascule : celle où tu choisis de te montrer telle que tu es. Pas parfaite. Pas lisse. Juste toi. Et c'est immense.

⊘ Étape du Voyage : Résurrection

Tu reviens d'un long voyage en toi. Tu as traversé des ombres, affronté tes peurs, libéré des mémoires. Et maintenant, tu reviens au monde. Mais différente. Plus ancrée. Plus libre. Cette étape du voyage est celle de la renaissance : tu ne portes plus de masque. Tu oses.

Intention : Célébrer ta vérité. Te dévoiler créativement. Oser exprimer ce que tu es, ce que tu aimes, ce qui te traverse, sans plus te censurer.

⚘ Chakra à activer : Chakra de la gorge

Centre de l'expression, de la parole, de la création alignée. Quand il est équilibré, tu oses dire, créer, montrer. Quand il est bloqué, tu caches, tu ravales, tu minimises. Ce chakra t'invite à te dire.

⌒ Couleur vibratoire : Cyan

Libération, fluidité, vérité. C'est la couleur qui t'invite à faire circuler ton expression sans peur. Porte-la, peins avec, respire-la. Elle est ton alliée pour oser.

⚘ Astrologie symbolique : Uranus et le Verseau

Uranus casse les codes, bouscule les normes, libère les vérités. Le Verseau est l'archétype de l'authenticité et de la singularité. Ensemble, ils t'offrent un souffle de libération : tu n'as plus besoin de rentrer dans une case. Crée la tienne.

∞ Application méthode A.R.C. et Libère

A – Accueille ce qui bloque : Quelle peur du regard des autres revient souvent ? Dans quelles situations je me cache ou je me censure ?

R – Ressens dans le corps : Quand je pense à me montrer telle que je suis, que se passe-t-il dans mon corps ? Est-ce que ça serre, tremble, fuit ?

C – Change, créé pour transformer : J'écris ou dessine un symbole de ma liberté d'être. Un mot, une forme, une image qui incarne mon expression libre.

✎ Écriture introspective

Ici, viens mettre des mots sur ce que tu caches encore. Sur ce que tu n'oses pas montrer. Laisse tomber les masques. Tu peux y aller. C'est sûr maintenant :

1 – Dans quelles situations te réduis-tu ou camoufles-tu ce que tu es ?

2 – Qu'as-tu peur de montrer, de dire, de créer ?

3 – Quelle partie de toi a le plus besoin de s'exprimer aujourd'hui ?

4 – Qu'est-ce que tu te promets de ne plus cacher ?

🖼 Création intuitive : Mon collage de vérité

Ce que tu caches souvent est aussi ce qui te rend unique. Ici, je t'invite à mettre en image ta vérité. Celle qui t'anime, même si elle dérange, même si elle brille.

Matériel possible : Magazines, journaux, photos, mots découpés, papiers colorés, feutres, colle, ciseaux, tout ce qui t'inspire.

Forme possible : Un collage libre et vivant. Pas besoin de structure. Tu peux partir d'un mot, d'une couleur, d'un symbole.

Commence par te poser cette question : Si je me montrais telle que je suis, sans masque ni peur, à quoi ressemblerait mon monde ? Puis, laisse-toi porter. Crée un collage comme un cri doux. Comme une révélation silencieuse. Une vérité incarnée. Quand tu auras terminé, donne-lui un nom. Encadre-le, colle-le dans ton journal, ou cache-le dans un tiroir secret. Mais surtout, regarde-le. Et dis-lui : « Je te vois. Et je t'honore. »

🪔 Mini rituel d'ancrage : Miroir de vérité

Place-toi devant un miroir. Regarde-toi en silence. Puis prononce à voix haute une phrase qui t'honore, qui dit ta vérité. Répète-la 3 fois. Puis, souris-toi. Longtemps. Comme on sourit à quelqu'un qu'on aime.

▌Fragment de manifeste

Ce que tu écris ici est une proclamation. Un cri de vérité. Un souffle d'authenticité : « Je me libère de la peur du jugement. », « Je m'autorise à créer sans me censurer. », « Je suis la femme qui montre qui elle est, sans compromis. »

CHAPITRE 12 :
JE DIS OUI A MA PUISSANCE

Il y a une différence entre espérer et s'engager. Entre vouloir que ça marche et se choisir, coûte que coûte. En 2024, quelque chose a basculé. J'ai choisi massivement. Je n'étais plus dans l'attente que les choses changent peut-être un jour, que les opportunités viennent à moi, et d'être validée. J'ai arrêté de me demander si j'étais prête – entre toi et moi, on n'est jamais prête comme ça s'est dit. En revanche, j'ai décidé que je l'étais. Point. Ce n'était pas juste une impulsion de mon ascendant Bélier, non c'était un choix solide, engagé et ferme. Comme une reconnaissance intérieure : celle de ma valeur, de ma puissance, de ma capacité à créer une vie qui me ressemble et me convient. À ce moment-là, j'ai compris que, si je voulais aller là où je rêvais d'aller, je ne pouvais plus jouer petit. Il fallait que j'investisse comme si tout était déjà là. Plus de plan B. Plus de demi-mesure. Plus d'excuses. Plus d'attente. Juste moi.

Je me revois encore ce jour-là. Je sortais ou plutôt j'étais dans un de mes nombreux cycles de mue, de transformation intérieure – énergie scorpionesque très présente chez moi, puisque je suis Scorpion en solaire et lunaire – et j'avais cette sensation que quelque chose de plus grand m'appelait. Pas dans le « plus, toujours plus ». Dans le plus profond, plus vrai, plus aligné. Je sentais que je touchais comme un nouveau plafond de verre qu'il fallait dépasser. J'aime employer cette métaphore du poisson rouge dans son bocal, qui croit que la vie ne se limite qu'à son environnement, alors qu'il y a plus vaste, plus loin, plus grand.

Et, il y a eu cette opportunité. Mais avant, je te pose un peu le contexte. Cela faisait bien deux ans que je souhaitais tourner mon activité plus vers le travail en ligne. J'avais déjà commencé à éliminer en présentiel tout ce qui ne me convenait plus. Mais je galérais à me rendre visible en ligne, je postais au petit bonheur la chance, sans stratégie, sans structure et sans intention surtout. Puis il y a eu ce moment, où l'algorithme du réseau Instagram me présentait souvent le contenu d'une femme, que je suivais sans la suivre. À force de voir passer ses postes en scrollant – oui j'avoue c'est terrible, tu le fais toi aussi ? Ils ont fini par m'attirer. J'ai alors rapidement investi, dans ce qu'on appelle en marketing « un bundle d'offre » : plusieurs offres dans un pack. Je découvre alors l'univers de ma future mentore Olivia Victoria Sautereau. Et là s'ensuit le reste. Je veux tout, je sens qu'avec elle je vais faire des bonds de géants et exploser ce plafond de verre. Les offres d'entrées ne suffisent plus. J'investis massivement chez elle, et je rentre dans son mastermind Oasis – et rien que le nom, ça en jette ! Pourtant, cet accompagnement est un de ceux qui te font dire que ce n'est pas pour toi. Que c'est trop onéreux. Avant, j'aurais reculé. J'aurais attendu, repoussé, douté. Là, non. J'ai regardé la peur dans les yeux. Et j'ai dit oui. Un vrai oui. Le genre de « oui » qui vibre dans le ventre. Pas parce que j'étais sûre que tout allait marcher, mais parce que je savais que je ne voulais plus me trahir.

Ce que j'ai ressenti juste après avoir dit oui à six mois dans ce mastermind ? Une profonde ouverture. Je l'ai fait, je n'ai pas attendu l'approbation de qui ou quoi que ce soit. Pour moi, ça représentait le symbole de la puissance, du choix éclairé de croire en soi. Ce choix m'a permis de me repositionner intérieurement et de m'aligner à ma réelle valeur.

Croire en moi n'a pas été un coup d'éclat comme ça du jour au lendemain. Ce n'est pas non plus un mantra que je récitais devant le miroir chaque matin, en espérant que. C'était comme tout le reste chez moi, plus subtil, plus silencieux. C'était quelque chose qui était là et qui n'arrivait pas à prendre sa place. Croire en soi est un acte d'amour radical. En investissant dans cet accompagnement, j'avais peur, oui, je doutais. Et pourtant... J'ai cliqué. J'ai payé. J'ai osé. Non pas parce que j'étais sûre de moi, mais parce qu'au fond j'étais fatiguée de me trahir. Fatiguée de toujours attendre d'être prête. Fatiguée d'attendre la validation de je ne sais qui pour enfin m'autoriser à croire que, peut-être j'étais capable, moi aussi. C'est là que j'ai compris : la foi en soi ne s'active pas quand tout est aligné. Elle s'active dans le chaos et le passage à l'action. Croire en moi, c'était dire oui à mon âme, même quand ma tête criait non. C'était un saut dans le vide avec un espoir au creux du ventre : celui de ne plus jamais me renier.

Après avoir cliqué et payé, on pourrait croire que tout s'est aligné comme par magie. *Spoiler alert* : non. Enfin, pas immédiatement. Mais à l'intérieur une faille s'est ouverte dans le mur. Un truc a bougé. Ce n'était plus « J'espère que ça marche. », c'était « Je marche. » Même avec la peur dans les jambes et la petite voix dans la tête qui disait « Tu fais n'importe quoi ! » Même avec les injonctions résiduelles du passé qui criaient « Tu es folle. », « Tu ne tiendras pas. », « Ce n'est pas pour toi. » Sauf que, cette fois, je ne les ai pas laissées décider à ma place. J'ai commencé à me lever le matin avec une énergie différente. J'avais encore mes doutes, mais j'étais en mouvement. J'avais encore des peurs, mais elles ne m'empêchaient plus d'avancer. Et tu sais quoi ? Mon regard sur moi a changé. Ce regard qui me disait toujours que je n'en faisais pas assez, que je n'étais pas à la hauteur s'est adouci. Je me regardais avec plus de fierté. Pour la première fois, je n'avais plus l'impression d'être mon ennemie. J'étais ma propre alliée. Ce n'était pas spectaculaire. Mais c'était réel. Ancré. Ce que j'ai compris, c'est que croire en soi, ça ne commence pas quand on réussit. Ça commence quand on choisit, quand on actionne. Et chaque jour, on choisit à nouveau. Ce n'est pas juste un accompagnement que je me suis offert. Je me suis offert mon cœur. J'ai dit oui à ma valeur. J'ai dit stop à tout ce qui me limitait. J'ai arrêté de demander l'autorisation d'y croire. J'ai arrêté de faire des compromis avec mon élan et mon feu intérieur.

Ce jour-là, j'ai donné de l'oxygène à ce feu, pour qu'il puisse s'épanouir et me donne à son tour sa lumière. Une lumière qui dit « Tu peux, tu mérites, tu es capable. » Depuis, je tombe encore, mais je me relève plus vite et plus forte. Oui, je doute encore, mais je ne me trahis plus. Parce qu'en osant me choisir, j'ai compris que ma puissance n'est pas un costume à enfiler. C'est une mémoire à réveiller. Car tout est déjà là, dans chacune d'entre nous. Il suffit d'oser s'en souvenir.

Quand on se souvient de sa puissance, on peut se poser la question suivante : « Et maintenant, qui suis-je prête à devenir ? Suis-je prête à embrasser ma prochaine identité ? » Car là ce n'est plus qu'une question de mise en action. C'est une question d'identité vibratoire, de s'ancrer dans ce nouveau regard sur soi. Celui qui ne se construit plus à partir de manque, mais à partir de l'âme. C'est là que j'ai commencé à me regarder autrement. Non plus avec le regard des autres, mais avec celui de mon âme. Et tout a changé.

Alchimie du chapitre 12 – Mon OUI puissant

Tu as traversé, des refus, des résistances, des peurs. Tu as libéré ta parole, l'expression, la vérité. Maintenant vient le moment du choix. De l'engagement. Ce chapitre est une porte. Celle que tu ouvres pour dire un « oui » total à toi. Non pas un « oui » timide, prudent, raisonnable. Mais un « oui » radical. Ça y est. Tu t'autorises.

⏱ Étape du Voyage : Retour avec l'élixir

Tu es allée au bout du voyage. Tu reviens maintenant, mais avec un trésor. Ton expérience. Tes prises de conscience. Ton pouvoir. C'est le moment de l'incarner pleinement, de l'offrir au monde. Ce « Oui » que tu vas poser, c'est l'acte fondateur de ta nouvelle identité.

Intention : T'engager pleinement envers toi-même. Poser un acte de foi. Dire un « Oui » clair, puissant, sans retour.

🧘 Chakra à activer : Plexus solaire

C'est le centre du pouvoir personnel, de la volonté, de la décision. Il vient soutenir ce « Oui » en te connectant à ta souveraineté intérieure. Et oui, il revient encore ici, car la puissance de ton engagement passe aussi par la digestion de tout ce que tu as vécu.

🖋 Couleur vibratoire : Jaune

La couleur de la clarté, de la joie, du rayonnement. Le jaune te rappelle que tu peux briller sans t'excuser. Porte-le, peins avec, ou laisse-toi éclairer par sa puissance.

🔮 Astrologie symbolique : Soleil et Lion

Le Soleil pour l'affirmation de soi, la conscience, le rayonnement. Le Lion pour le courage, la noblesse, le feu du cœur. Ces énergies te poussent à dire : « Je suis. Et je m'autorise. »

∞ Application méthode A.R.C. et Libère

A – Accueille ce qui bloque : Qu'est-ce qui m'empêchait jusqu'à présent de dire un vrai oui à moi-même ?

R – Ressens dans le corps : Que se passe-t-il en moi quand j'imagine me choisir pleinement ? Est-ce que ça chauffe, s'ouvre, se tend ?

C – Change, créé pour transformer : J'écris un engagement symbolique à moi-même. Une promesse. Un contrat d'âme.

✍ Écriture introspective

Ici, tu viens poser noir sur blanc ton engagement. Ce n'est plus le moment des doutes. C'est le moment du choix. Désire. Assume. Affirme.

1 – Qu'est-ce que je suis enfin prête à dire Oui ?

2 – Qu'est-ce que j'ai peur d'oser, mais que je désire profondément ?

3 – Si je n'avais plus peur de me trahir, qu'est-ce que je ferais maintenant ?

4 – Quel acte puis-je poser cette semaine pour ancrer mon engagement ?

🎨 Création intuitive : Mon acte d'engagement

Ton « Oui » a besoin d'un support. D'un ancrage. D'une forme concrète. Je t'invite à créer un objet symbolique qui incarne ton engagement envers toi.

Matériel possible : Papier, tissu, peinture, éléments naturels, argile, bois, fil, tout ce qui t'appelle.

Forme possible : Un talisman de promesse. Un objet que tu fabriques de tes mains et qui porte ton « Oui » radical. Tu peux écrire des mots dessus, l'orner de couleurs, de symboles, de textures.

Commence par te poser cette question : « Si mon Oui à moi-même était un objet, à quoi ressemblerait-il ? » Laisse-toi guider. Crée avec le cœur. Puis donne-lui un nom. Et place-le dans un lieu précieux, visible ou secret. Il est le rappel que tu as choisi. Et que tu n'as plus à revenir en arrière.

🕯 Mini rituel d'ancrage : Célébration du Oui

Allume une bougie jaune ou dorée. Mets une musique qui te fait sentir invincible. Puis danse. Oui, danse. Pas pour performer, mais pour intégrer. Danse ton Oui. Laisse-le traverser ton corps. Et dis à voix haute : « Je me choisis. Je me dis Oui. C'est maintenant. »

📜 Fragment de manifeste

Ce que tu poses ici est ton cri d'affirmation. Ta signature vibratoire. Ton acte de souveraineté : « Je me libère du doute et de la peur de me choisir. », « Je m'autorise à dire un "oui" puissant à qui je deviens. », « Je suis la femme qui s'engage pleinement dans sa vie, sans retour en arrière. »

Message vibratoire de l'œuvre

Céleste concrétisation
Regarde comme le ciel prend forme.
Ce que tu vois est une promesse tenue : celle de ton engagement envers toi-même.
Laisse cette œuvre te rappeler que ton « oui » change tout.

CHAPITRE 13 :
CONNEXION A L'AME
A LA SOUVERAINETE

Pendant longtemps, je ne savais pas qui j'étais. J'étais des morceaux de pièces de puzzle éparpillés dans la masse qui tentaient de se conformer. J'étais un assemblage d'injonctions, d'adaptations et suradaptations, de fragments disséminés.

Et puis, un jour, je n'ai pas seulement compris. J'ai ressenti. Ressenti que jouer à vouloir correspondre à une pièce de puzzle, certainement elle aussi paumée et conditionnée que moi, en prétendant être quelqu'un d'autre, ne me tentait plus. Que je n'avais plus besoin de rentrer dans un moule ni d'effacer ce que je suis au fond de moi. Quelque chose s'est aligné. Ce n'est pas spectaculaire. Ce n'est pas une révolution criante. C'est une forme de paix. Une présence douce et stable. Une voix intérieure qui ne hurle plus, mais qui murmure : « Tu peux t'aimer. Tu peux être toi. Tu as toujours été là. »

Je me rappelle. J'étais dans mon salon, allongée par terre. Seule. Le matin à peine levé dans ce silence qui précède la journée. À cette époque, je me levais chaque jour à 5 heures. Je testais la *Miracle Morning* de Hal Elrod. Ce moment était précieux, un vrai rendez-vous avec moi-même. Je pratiquais le *journaling*, la lecture, le yoga, puis la méditation. C'était un engagement, un pacte intérieur.

Avant de méditer, mon corps était souvent tendu. Mon esprit était comme un tourbillon, une tornade. Ça faisait deux ans que j'essayais de méditer, sans vraiment y parvenir. Cinq minutes, pas plus. Ensuite, les pensées s'enchaînaient, les jugements, les scénarios, tous plus rocambolesques les uns que les autres, tournaient en boucle. Et moi ? Je m'accrochais à chaque pensée comme une sangsue, comme si ma vie en dépendait. Et puis, il y a eu cette rencontre. Pas en chair et en os, mais à travers les mots, la voix, l'enseignement : Bruno Lallement. Grâce à lui j'ai découvert ce que c'était vraiment que méditer. Une approche qui ne cherchait pas à forcer, à contrôler ou à fuir l'agitation. Une approche qui passait par le corps.

Chaque jour, avant même de méditer, je commençais par un scan corporel complet, qui à lui seul durait bien quinze minutes les premières semaines. Je scannais du cuir chevelu au bout des orteils, sans oublier une seule parcelle du corps. Seulement là, je pouvais plonger. Pas dans le vide. Dans ce monde de ouate, ce monde doux, feutré, cotonneux. Un monde où le temps s'étire, où j'en venais à méditer une heure entière. Un monde où mon corps flottait en apesanteur. Où mon âme semblait m'attendre. Je crois qu'à force de pratiquer, j'ai fini par vivre des états modifiés de conscience. Des sorties de corps. Des voyages intérieurs. Des instants où je n'étais plus cette femme dans son salon, mais une pure présence, faite de vibration et de souffle. C'est en apprenant à entrer dans mon corps que j'ai rencontré mon âme. Ce jour-là, pour la première fois, je me suis sentie soudée à elle. Comme si elle me murmurait : « Tu vois, je n'étais pas loin. Je t'attendais. Tu n'avais qu'à ralentir. Respirer. Écouter. »

J'ai longtemps douté de tout. De mes choix. De mes ressentis. De mes intuitions. Je pensais qu'il fallait une preuve concrète, une validation de l'extérieur. Petit à petit, une autre voix a pris place. Plus subtil. Plus vraie. Connectée. J'ai commencé à sentir que mon intuition disait juste quand j'ai compris que ce que je ressentais en était déjà la preuve. Que ce que je ressentais intérieurement, sur le plan corporel, énergétique, vibratoire, était l'expression même de mon intuition.

Chez moi, tout se passe – ou presque – dans le ventre. Très sujette aux maux de ventre pour un « oui » ou un « non », il est devenu mon baromètre. D'ailleurs, sais-tu que les intestins sont notre deuxième cerveau ? Pour moi, c'est le premier. Bref je m'égare. Il y a une dizaine d'années, en plus des cours de dessin que je dispensais dans mon atelier, je me déplaçais quatre fois par semaine dans les écoles primaires, après les cours, pour animer des activités périscolaires. Je gérais alors des groupes d'élèves. Je proposais des activités de dessin, de créativité. Peu à peu, j'ai commencé à m'ennuyer. Surtout avec les groupes qui n'avaient que faire de mes propositions et auraient préféré être dehors, à jouer au foot avec les camarades. Crois-moi, ces heures-là étaient de grands moments de solitude. C'est tout un art de capter l'attention d'une quinzaine d'enfants. Heureusement, dans chaque groupe, quelques-uns – enfin, plutôt quelques-unes – étaient captivés par ce que je proposais. C'est là, je crois, que j'ai vraiment reconnu mon intuition. Car l'intuition, selon moi, c'est comme l'âme : elle est toujours là, elle attend.

Je ressentais, dans mon corps, un « non » qui commençait à s'imposer. Non, arrête les activités péri-éducatives. Plus le temps passait, plus je peinais à quitter mon antre – mon atelier chez moi, tu comprends –, chaque jour à 16 heures pour l'activité de 16 h 30. Les caisses de matériel devenaient pesantes. L'envie me quittait. Alors contre toute logique – puisque ce travail représentait une bonne partie de mon chiffre d'affaires – j'ai tout arrêté.

Oui, vu de l'extérieur, ça pouvait paraître illogique, irresponsable, risqué. Avant j'aurais insisté, pris sur moi, je me serais qualifié de « trop exigeante », « pas assez tenace ». Mais maintenant, je sais. Je sais que non, je n'abandonne pas. Que je ne suis pas trop ni pas assez. Je trace simplement ma route. J'exige de vibrer en accord avec qui je suis et celle que je deviens, car je suis en constante évolution. L'intuition est une connexion à l'âme. L'intuition, c'est l'âme. Ce n'est pas une voix magique venue de nulle part. Ne pas l'écouter, c'est ne pas se respecter. Ne pas l'écouter, c'est quelque part renier son âme. Tout cela est le fruit du silence, de l'écoute, de la présence à soi.

Aujourd'hui je ne marche plus sur les routes qu'on a voulu tracer pour moi. Je ne suis plus cette petite fille qui regarde les autres pour savoir si elle peut avancer. Je trace ma route. Et pas au cordeau. Je n'aime pas les lignes droites. Je préfère les courbes, les ronds. Je trace pas à pas. Même s'il n'y a pas de GPS. Même et surtout si ça fait peur. Je trace. Parce que maintenant, je sais où je vais. Tracer sa route, ce n'est pas forcément tout savoir. Ce n'est pas forcément tout prévoir. Tout planifier. Tracer sa route, c'est choisir. Décider en deux minutes. D'ailleurs voici le dernier exemple qui me vient en tête pendant que j'écris ce livre. En février 2025[10] donc, j'ai pris une décision irrationnelle en deux minutes chrono. Si, si, je te garantis. J'ai pris la décision de partir en Floride pour novembre de cette même année avec ma mentore, Olivia, et cinquante autres femmes françaises, pour

---

[10] Avant l'édition de ce livre, j'ai pris la décision de ne plus partir.

faire notre « French Révolution » aux États-Unis. Pour assister à un séminaire, d'entrepreneuses américaines, alors que je ne parle pas vraiment l'anglais et le comprends difficilement. Avec ces paramètres-là, prendre cette décision dépasse l'entendement. Et pourtant, je l'ai prise. Je pars. Je l'ai fait sans me poser de questions comme « Est-ce que j'ai le budget ? » Clairement, non, je ne l'ai pas. Je suis en pleine restructuration de mon activité le chiffre d'affaires est au plus bas. Je ne me suis pas demandé : « Comment vas-tu faire, tu ne parles pas anglais correctement ? », « Comment vas-tu t'organiser, toi qui ne sors presque jamais de chez toi ? »

Non. Ces questions ne m'ont pas effleuré une seconde lorsque j'ai dit oui à Olivia en écrivant dans le chat du Zoom. Te dire que, là maintenant, deux mois plus tard, je ne me pose pas ces questions serait te mentir. Mais elles n'ont pas eu leur place avant que je dise oui. Avant, elles auraient été là, et j'aurais écouté leur message de mise en garde. Et je serai passé à côté d'une opportunité qui, peut-être, ne se représentera jamais dans ma vie de femme de cinquante-deux ans.

Écouter son intuition, c'est suivre la joie, les paillettes à l'intérieur. C'est aussi suivre cette peur. Parce que si tu as peur, c'est que c'est pour toi. C'est que c'est le bon moment pour toi. Alors maintenant, j'écoute et je ressens mes désirs profonds, mon énergie du moment. Ils sont devenus mon baromètre, mon indicateur. Et parce que je suis alignée avec eux, je n'ai plus à me justifier. Plus à expliquer le pourquoi du comment. Je n'ai plus à demander la permission ou à me plier à un cadre qui n'est pas le mien.

Ça pourrait sembler être de l'égoïsme. Ce n'est pas être égoïste que de tracer sa route. Parce que, sur cette route, tu rencontres d'autres personnes qui tracent la leur. Et ensemble, vous avancez. Chacun est responsable de son chemin. Sans contrôler, sans empiéter sur celui de l'autre. Tracer sa route, c'est comme danser sur un fil invisible, suspendu entre ciel et terre. Tu ne sais pas toujours où tu vas, mais tu avances. Un pas après l'autre. Portée par une force plus grande que toi. Ce fil, c'est ta vérité. Et tant que tu restes connectée à elle, tu ne tomberas pas. Aujourd'hui, je ne cherche plus à rentrer dans un moule qui n'a jamais été le mien. Je suis devenue ma propre boussole. Et c'est mon âme qui guide, qui trace les contours, pose les couleurs. Pas à pas. Souffle après souffle.

Je ne dis pas avoir tout compris, tout savoir. Je ne dis pas que tout est parfait. Mais aujourd'hui, je marche avec moi, pas contre moi. Et ça change tout. Je n'ai plus besoin de prouver, de me suradapter, de me contorsionner pour exister. Ce chemin, tu le vois, a été long, intense, semé d'embûches, parfois douloureux. Il m'a demandé de tout déconstruire. De plonger. De voir mes blessures. De regarder mes ombres. De faire face à ma propre vérité. Mais c'est ce chemin-là qui m'a rendue libre. Libre de penser. Libre d'être. Alors, maintenant que tu as parcouru ce bout de chemin avec moi, j'ai envie de te dire une chose essentielle : Accueille – Ressens – Change et Libère.

Alchimie du chapitre 13 – Ma connexion à mon âme

Tu es entrée dans une nouvelle fréquence. Celle de l'union. Ce chapitre est un retour au centre. Une reconnexion avec ce qui en toi sait, ressent, pressent. Ce n'est plus une quête vers l'extérieur. C'est une redescente en soi. Une confiance retrouvée. Une alliance sacrée avec ton âme. Tu n'as plus besoin d'aller chercher la vérité ailleurs. Elle est là, dans ton ventre, dans ton souffle, dans ton corps.

⊘ Étape du Voyage : Intégration

Après la traversée vient le temps de l'incarnation. Ce que tu as compris ne reste plus dans l'invisible. Il devient mode de vie. Manière d'être. Cette étape est celle où tu reviens à toi, entière, apaisée, souveraine.

Intention : Enraciner ta connexion à ton intuition, ton âme et ta puissance sacrée féminine. Te faire confiance.

🧘 Chakra à activer : Chakra du troisième œil

Centre de l'intuition, de la vision intérieure, de la sagesse profonde. En activant ce chakra, tu t'ouvres à une guidance subtile, fiable, intime. Ton corps devient boussole. Ton intuition devient GPS.

🌠 Couleur vibratoire : Indigo

Cette couleur mystique ouvre la voie de la clairvoyance, du discernement. Elle te relie à ce qui est plus grand, plus fin, plus vrai. Entoure-toi de cette couleur : vêtements, carnet, peinture, pierre.

🪶 Astrologie symbolique : Neptune et le Cancer

Neptune, c'est le voile qui se lève, la foi, l'invisible. Le Cancer, c'est l'intériorité, la matrice, la douceur. Ensemble, ils t'invitent à revenir à la maison : ton temple intérieur. Là où ton âme parle, là où tout se sait.

∞ Application méthode A.R.C. et Libère

A – Accueille ce qui bloque : Qu'est-ce qui m'empêche encore d'écouter ma petite voix intérieure ?

R – Ressens dans le corps : Que se passe-t-il dans mon corps quand je me connecte à mon intuition ?

C – Change, créé pour transformer : J'écris ou dessine un symbole de ma reliance : un sigil, un mot clé, un mandala intuitif.

✍ Écriture introspective

C'est le moment de revenir à ta vérité la plus intime. Celle qui ne se voit pas, mais qui vibre :

1 – Quels sont les moments dans ta vie où tu as déjà écouté ton intuition ?

2 – Qu'est-ce que ça t'a permis d'éviter, de choisir, de comprendre ?

3 – Quelles sont les activités, les lieux, les personnes qui t'aident à te reconnecter à toi ?

4 – Si tu devais nommer ton intuition, quel nom lui donnerais-tu ?

🪨 Création intuitive : Mon autel de souveraineté

Créer un autel, c'est poser dans la matière un espace de pouvoir. C'est dire au monde : « Je suis en lien avec mon âme et je l'honore. » Ici, tu vas constituer un autel personnel, vivant, évolutif.

Matériel possible : Bougie, pierre, dessin, photo, objet sacré, symbole, fleur, tissu, tout ce qui pour toi est porteur de sens.

Proposition : Choisis un coin de ta maison, une étagère, un plateau, un coffre, un rebord de fenêtre. Dispose les éléments avec intention. Chaque objet a sa place. Chaque symbole parle.

Commence par te poser cette question : Si je devais matérialiser ma puissance féminine sacrée, à quoi ressemblerait-elle ? Laisse ton intuition guider tes mains. Change, ajuste, transforme. Cet autel est vivant. Il évoluera avec toi. Allume une bougie pour l'activer. Et reviens-y chaque fois que tu as besoin de te recentrer.

Mini rituel d'ancrage : Bain de sagesse

Prends un temps pour toi. Prépare-toi un bain ou une douche consciente. Ajoute une huile essentielle (lavande, camomille, bois de rose), une pierre, une lumière douce. Laisse l'eau te purifier et t'envelopper. Pendant ce moment, répète en toi : « Je suis guidée. Je suis en lien. Mon intuition est mon phare. »

Fragment de manifeste :

Ce que tu poses ici est une alliance. Une fidélité à ton âme. Une promesse silencieuse : « Je me libère du besoin de demander la permission. », « Je m'autorise à suivre ma sagesse intérieure. », « Je suis la femme qui se fait confiance et honore sa voix sacrée. »

Message vibratoire de l'œuvre

Le chant de la résonance intérieure
Ici, tout devient silence vibrant.
Ce chant que tu entends, c'est le tien.
Celui que tu portes depuis toujours.
Cette œuvre t'aide à l'écouter, à l'aimer, à l'amplifier.
Résonne. Rayonne. Renais.

CONCLUSION :
MA LIBERTE D'ETRE ET DE PENSER EST NON NEGOCIABLE

Tu ne peux plus faire semblant maintenant. Après avoir lu ce livre, chapitre après chapitre, après avoir pris ce temps pour toi, pour pratiquer les exercices proposés tout au long de la lecture, je veux te dire une chose essentielle : tu n'es pas seule. Et surtout : tu n'es plus la même femme qu'au début.

Il y a certainement des histoires qui t'ont ému plus que d'autres, touché, fait vibrer, pleurer peut-être. Des passages qui ont résonné fort pour toi. Trop fort pour les ignorer. Tu sens que quelque chose a bougé. Que tu ne peux plus le contenir sous un couvercle. Peut-être que, toi aussi, tu sens dans tes tripes ce volcan. Celui qui ne veut et ne peut plus se taire. Ce feu qui n'est pas là pour tout détruire, mais pour révéler ce qui a été enfoui trop longtemps. Ce n'est pas anodin d'avoir lu ce livre. Ce n'est pas un simple « moment pour soi ». C'est un point de bascule pour s'exprimer pour de vrai.

Oui tu as traversé les chapitres. Tu t'es autorisée à ressentir, à écrire, à libérer. En le lisant, tu as peut-être vécu des émotions, des sensations, de l'inconfort. Mais je vais te dire une chose : c'est normal. Pourquoi ? Parce que ce livre est un livre d'émotions. Celles que j'ai traversées. Ces émotions sont unie-vers-elle. Unie vers toi. Elles sont là pour te parler. Tu n'as qu'à les écouter. Tu les as peut-être accueillies, ressenties, transformées, et tu sais que tu es déjà une autre femme. Rien que pour cela, je voudrais que tu te célèbres chère lectrice, que tu t'honores.

Tu as appelé cette nouvelle identité à toi. Pas une « meilleure version de toi-même ». Ce terme m'horripile ! Quel jugement se porte là sur nous ! Je parle bien de ta nouvelle identité. On est déjà suffisantes. Il n'y a pas besoin de plus. Par contre, on est amenées à se transformer et changer d'identité afin de rester alignées avec qui on devient.

Alors, me prend l'envie de vouloir te parler comme si tu étais là devant moi. Et je te dirai ceci : « *Girl*, vas-y fonce, qu'est-ce que tu attends ? Personne d'autre, à part toi, ne peut te donner la permission d'accéder à tes rêves, tes projets. Tu as commencé le chemin à ta naissance en sortant du ventre de ta maman, c'est le plus grand choc, le plus grand changement de la vie d'un être humain. Et là tu n'oses pas parler à tata Ginette ? Tu n'oses pas demander cette augmentation ? Monter ta boîte ? Une décision de deux minutes suffit. Alors, va jusqu'au bout de ce chemin, bordel. Ose incarner qui tu deviens à chaque instant, même si ça te fait peur. Et surtout si ça te fait peur. Car cela prouve que le changement pour toi est nécessaire. »

Peut-être que ce livre t'a bousculé. Et tant mieux je dirai, c'est que j'ai fait mon job et que tu es prête. Peut-être qu'il est venu allumer ta petite fille blessée à qui on a dit : « sois sage et tais-toi », « ne fais pas trop de bruit », « ça, ce n'est pas pour les femmes. Reste en arrière. » La liste peut être malheureusement tellement longue de ces injonctions reçues dans l'enfance. Tu as allumé en toi la vérité. Ta vérité. Tu ne peux plus la renier et l'éteindre. Pour honorer ce premier changement, allume une bougie, un encens. Ancre ce moment dans tes cellules, fais une offrande à la Terre-Mère, pour qu'elle aussi se souvienne. Honore ta Puissance Femme Divine. Tu es souveraine.

Bravo. Tu es arrivée jusqu'ici. Jusqu'à la fin. Et je le sais, je te vois : tu n'es plus la même femme qu'au début de ce livre. Tu as traversé, ressenti, douté, espéré. Tu t'es connectée à toi. Peut-être pour la première fois depuis longtemps. Et maintenant tu es prête. Prête à poser noir sur blanc la femme que tu choisis d'être. Pas celle que les autres veulent que tu sois. Pas celle que les autres attendent. Mais celle que tu sens-là, qui frémit sous ta peau, dans ton ventre, dans ton cœur. C'est le moment d'écrire ton manifeste, *girl*.

Un texte vivant, libre, coloré, poétique, brûlant si tu le désires. Un texte impermanent, que tu pourras compléter, transformer, faire évoluer. Un texte engagé, pour toi. Avec toi. Pourquoi écrire ce manifeste ? Parce que l'écrire, c'est l'ancrer. Parce que l'écrire, c'est clamer haut et fort ta souveraineté. Parce que l'écrire, c'est ne plus jamais pouvoir dire que tu ne savais pas. Je t'invite à commencer ton manifeste de cette manière : « Je ne suis plus celle que j'étais, aujourd'hui, je choisis d'être cette femme qui... »

Et à le clôturer avec cette phrase : « Je me promets de ne plus jamais m'abandonner, de m'honorer... » Et ensuite ? Imprime-le, mets-le en fond d'écran sur ton téléphone, ton ordinateur, lis-le à voix haute devant ton miroir. Puis partage-le-moi par mail – contact@irene-artiste-astrologue.com. Ou mieux encore, réserve un appel de 15 minutes pour me le lire, me le partager. Je serai tellement honorée et heureuse de vibrer ce moment avec toi. Tu peux aussi me taguer sur Instagram, avec une phrase forte de ton manifeste #monmanifesteirene. Tu peux aussi t'abonner à mon compte Instagram, @freesoul.empire.irene. Parce qu'il ne s'agit plus seulement de lire. Il s'agit d'oser vivre. Et ton manifeste c'est le premier acte de cette vie libre, vibrante, vivante et alignée.

Tu ne redescendras pas. Pas maintenant. Tu as touché ton feu sacré, ton vrai. Tu as foutu le feu aux injonctions, tu as dansé avec tes ombres, tu as osé dire non. Tu n'es plus sage. Tu n'es plus discrète. Tu es vivante. Tu es libre. Tu es insolente de vérité. Tu es souveraine. Et surtout. Ta liberté d'être et de penser est non négociable.

Alchimie de clôture : Le souffle final

Tu as traversé le livre, chapitre après chapitre, vécu les activations, les remises en question, les libérations. Tu n'es plus la même femme. Tu t'es souvenue, reconnectée, déliée. Tu as marché sur les traces du Voyage du Héros, de ton héroïne intérieure. Et aujourd'hui, il est temps d'ancrer ce que tu es devenue. Ce que tu choisis. Ce que tu veux crier au monde. Non plus pour être validée. Mais pour t'honorer, pleinement. Tu vas écrire ton Manifeste. Pas un texte figé. Mais un texte vivant. Coloré. Vibrant. Le tien. Un cri d'amour. Un acte de souveraineté. Une parole créatrice.

⊘ Étape du Voyage du Héros : L'élixir partagé

Tu as reçu l'élixir : cette essence que tu as récoltée dans ton voyage. Et maintenant, tu la partages. Ton manifeste est un acte d'offrande au monde. Une vibration que tu offres à plus grand que toi.

Intention : Ancrer ton identité retrouvée. Crier haut et fort ta vérité. Célébrer ta transformation. Et t'engager symboliquement envers toi.

Rappel des fils conducteurs de ton manifeste : Chaque chapitre t'a donné un fragment. Tu peux les relire, les assembler, les remanier, les ré-écrire si nécessaire. Ton manifeste peut être poétique, brut, coloré, illustré, chuchoté, hurlé. Il peut être court ou long. Une page. Une phrase. Une carte. Une incantation. C'est toi qui décides. Ce manifeste est mouvant. Vivant. Il évoluera avec toi. Il n'est pas figé. Il est impermanent, comme toi, comme moi, comme nous. Forme possible : Commence par une phrase d'ouverture : « Moi, [prénom], aujourd'hui je... » ou « Je me tiens debout et je proclame que... » Termine par une phrase de scellé : « Je m'engage à ne plus jamais me trahir. » ou « Ma liberté d'être et de penser est non négociable. »

Rituel de scellé

Lis ton manifeste à voix haute, devant un miroir, une bougie, un élément naturel, ou une personne de confiance. Tu peux l'illustrer, le calligraphier, le plastifier, le garder dans ton carnet, l'afficher chez toi, ou le transformer en création d'art.

Bonus : partage-le

Si tu le souhaites, tu peux me l'envoyer par mail ou demander un appel téléphonique de 15 minutes pour me le lire. Tu peux aussi le publier sur Instagram en me taguant.

Tu n'as plus besoin d'attendre. Tu n'as plus besoin de te cacher.

Ta liberté d'être et de penser est non négociable.

Et aujourd'hui, c'est toi qui choisis.

Prête à écrire ton manifeste sacré ? Alors, vas-y. Je te lis. Je te vois. Je te crois.

LAISSEZ-MOI UN AVIS

Il vous suffit de laisser un commentaire 5 étoiles sur la plateforme de votre choix (Amazon, Fnac, Cultura…), ou de me faire part de votre retour directement sur Instagram (@freesoul.empire.irene).

Chaque commentaire compte énormément.
Merci du fond du cœur pour votre soutien !

REMERCIEMENTS

À Nolwenn et Meily, mes coachs d'auteur, mes soutiens du premier jour lorsque l'écriture de ce livre a démarré ce début 2025. Merci pour vos mots, vos regards, vos impulsions précieuses. Merci de m'avoir encouragée quand je peinais à avancer, de m'avoir boostée avec bienveillance quand j'avais besoin d'un coup de pied inspirant. Vous avez su me rappeler que ce livre méritait d'exister.

À ma mère, partie trop tôt, mais plus présente que jamais. Tu m'as donné la vie, la rage, la douceur, l'amour inconditionnel que seules les mères savent offrir. Tu as cru en moi quand moi je n'y croyais plus, tu as vu ma lumière même quand elle vacillait. Ton absence m'a tout appris : le manque, la foi, la puissance de l'amour qui traverse les mondes. Je t'entends encore me souffler : « Vas-y, ma fille. » Je sais que tu marches à mes côtés, dans chaque mot de ce livre, dans chaque battement de mon cœur.

À mon père, merci pour ta présence solide, discrète, mais bien là. Ton regard, ton ancrage, ton amour silencieux m'ont accompagné. Et merci pour la fibre artistique que tu m'as transmise, toi, sculpteur de formes, d'ombres et de silences. C'est aussi par toi que j'ai appris à créer, à façonner, à sentir.

À mon mari d'amour, merci de me supporter – dans tous les sens du terme – depuis plus de 25 ans. Merci pour ta patience, ton humour, ta solidité, ta présence indéfectible dans les tempêtes comme dans les élans. Sans toi, je ne serais pas là aujourd'hui. Tu es celui qui tient l'espace pendant que je renais, qui croit en moi-même quand je doute, qui m'aime libre, changeante, intense. Ce livre est aussi le tien.

À mes enfants, petites âmes géantes, vous m'avez vue tomber, vous m'avez vue renaître. Vous avez allumé en moi une force que je ne soupçonnais pas. Votre regard, votre présence, vos silences même, m'ont appris la patience, le courage, et l'amour inconditionnel. Vous êtes mes enseignants cachés, ceux qui me poussent à grandir encore et encore, à ne jamais abandonner, à devenir la femme que je suis appelée à être. Merci de m'avoir choisie comme mère. Je vous aime au-delà des mots, dans l'éternité du lien qui nous unit.

À ma tante, qui, les soirs d'été, me montrait les étoiles et m'a appris à regarder plus grand que le visible. Ta présence, ton amour discret, ta bienveillance constante ont été pour moi un cocon, un repère, une lumière. Tu as été comme une seconde maman. Merci d'avoir éveillé en moi cette curiosité céleste... celle-là même qui m'a menée jusqu'aux astres.

À mes beaux-parents, à ma famille, merci pour votre présence, vos silences, votre soutien.

À mes amies, merci pour les rires, les ancrages, la tendresse.

À Olivia, mentore, vortex, miroir vibrant, merci de me rappeler chaque jour que ma puissance est ma mission, et que je peux incarner pleinement *That Kind of Woman*. Libre, incarnée, souveraine.

À cette voix en moi, douce, sauvage, indomptable, je rends grâce. Celle qui sait. Celle qui guide. Celle qui chuchote : « Continue. Tu n'es pas seule. » Merci au message reçu lors de mon EMI, que je comprends enfin. C'était ça. C'était ce livre.

Merci à la vie dans tous ses visages : le chaos, le vide, la peur, l'espoir, la beauté. Merci aux creux, aux failles, aux incendies, car c'est là que j'ai appris à écrire la lumière. À renaître de mes cendres.

Ce livre a été une renaissance. Une descente. Une guérison. Je l'ai aimé, pleuré, parfois haï... et remercié. Il m'a demandé d'aller là où je n'avais encore jamais osé.

Je me remercie, moi aussi. D'avoir continué. D'avoir écouté. D'avoir transformé. À la petite fille que j'étais, je dis : « Tu n'étais pas trop. Tu n'étais pas folle. Tu étais puissante. » Et à la femme que je deviens : « Continue. Marque ton pas. Va à la rencontre de ta prochaine version. Celle qui te guide, toujours. »

À toi qui lis ces lignes, merci. Merci de te choisir. Merci de marcher avec moi un bout du chemin. Tu n'es pas seule. Tu ne l'as jamais été.

À l'éditeur qui portera ce livre dans le monde, merci d'en accueillir la vibration, d'en préserver l'âme. Merci d'ouvrir la voie pour qu'il touche celles qui l'attendent. Gratitude pour votre confiance, votre engagement et votre sensibilité.

Et à ce feu intérieur qui ne s'éteint jamais, je dis merci.

À PROPOS DE L'AUTEURE

Irène est l'artiste mentore aux cheveux bleus, astrologue, art-thérapeute et créatrice d'expériences transformatrices. Fondatrice du mouvement Les Magmatiques, elle accompagne les femmes à se libérer des injonctions, réveiller leur feu intérieur et incarner leur souveraineté.

À travers l'art thérapie, l'astrologie, le mindset puissant et les rituels de guérison, elle ouvre des espaces où la voix, le corps et l'âme peuvent enfin se retrouver.

Ses cheveux bleus sont le symbole vivant de sa liberté d'être, de sa différence assumée, et de sa renaissance.

Ce livre est le fruit d'un long voyage intérieur, et la transmission vivante de sa méthode ARC & LIBÈRE, pour que chacune puisse écrire son propre manifeste de vie.

Sa conviction est claire : ta liberté d'être et de penser est non négociable.

COORDONNEES

Irène Carle

contact@irene-artiste-astrologue.com

Facebook : www.facebook.com/irene.carle.7

Instagram : www.instagram.com/freesoul.empire.irene/
disponible également en scannant ce QR CODE :